Thomas Ach

Auf dem Traumberg

Der Weg zum Ich

G. Reichel Verlag

Reifenberg 85

91365 Weilersbach, Germany

Tel: 09194-8900, Fax: 09194-4262

e-mail: info@reichel-verlag.de

Internet: www.reichel-verlag.de

Umschlag-Gestaltung: Stephan Huber
Bild-Gestaltung: Kala Karin Kraus

ISBN 3-926388-63-3

Inhaltsverzeichnis

Vorwort

Mit diesem Buch ist es wie mit allen auf dieser Erde geschaffenen Werken. Es ist ein Ausdruck der inneren und äußeren Wahrnehmungen eines Menschen. Künstler, Manager, Architekt, Sachbearbeiter, Verkäufer oder nicht berufstätig – jeder Mensch drückt sein Selbst, das durch Erfahrungen immer wieder neu geformt wird und deshalb nie gänzlich vollendet ist, ständig in Worten, Gesten, Handlungen und Werken aus. Sein – ihm angeborenes - Naturell verhindert meist grenzüberschreitende Persönlichkeitsveränderungen, schließt sie jedoch nicht völlig aus. Aus diesen Gründen wird ein Mensch von etwas angesprochen, während sich ein anderer nicht sonderlich dafür interessiert, weil er sich davon nicht repräsentiert fühlt. Genau so ist es mit diesem Buch. Ich werde nur die Menschen ansprechen können, die über eine Antenne für seine Inhalte verfügen. Und doch betrifft der Inhalt dieses Buches alle Menschen, denn sie können sich darin in ihren gesamten Gefühlskomplexen widergespiegelt erblicken. Ich habe mit diesem Buch den Versuch unternommen, Gott den Menschen ein wenig näher zu bringen. Ich möchte die allmächtige Kraft von ihrer personifizierten Reduktion und Dogmatisierung befreit sehen, die fromme und gläubige Menschen betrieben haben, und einen weiteren Blickwinkel anbieten. Es geht mir allerdings nicht darum, die Gefühle anderer Menschen zu verletzen, es geht um ein umfassenderes Gottesverständnis.

Außerdem habe ich versucht, den Hintergrund menschlicher Existenzfragen näher zu beleuchten und dadurch den mitmenschlichen Aspekt in unseren Verhaltensweisen zu fördern. Die Menschen, die sich dadurch angesprochen fühlen, sollen trotz der immer weiter fortschreitenden Technisierung unserer Umwelt an die Ursprünge des menschlichen Seins erinnert werden. Vielleicht erkennt sich der eine oder andere in dem Dargestellten wieder, vielleicht werden verdrängte Gedanken ins Bewusstsein transportiert. Der Leser könnte sich mit Erkenntnissen konfrontiert sehen, die ihn zu einem völlig neuen Denken anregen.

Den eigentlichen Inhalt des Buches habe ich in eine märchenhafte Rahmenhandlung eingebettet, um zu vermitteln, dass es zwischen Wunsch, Gefühl, Fantasie und Realität keine klaren Grenzlinien gibt. Wie im äußeren Leben verschwimmen die Grenzen auch in der menschlichen Psyche häufig. Das eine fließt in das andere über und erfährt Veränderung. Die Geister in diesem Buch wiederholen so manche Botschaften ihrer Vorgänger mit ihren eigenen Worten und helfen dadurch dem Leser, eine Aussage unter verschiedenen Aspekten zu sehen und sie besser zu verstehen.

Die unterschiedlichen Erzählweisen sind beabsichtigt und sollen den unterschiedlichen Gefühlsebenen gerecht werden. Mit dem einfachen, manchmal kindlichen Erzählstil wende ich mich an das Kind im Menschen. Mit dem informativen, streckenweise intellektuellen, abstrakten Erzählstil sollen der Verstand und die in ihm wurzelnden Gefühle angesprochen werden. Die märchenhafte Umrandung der eigentlichen Handlung und die Geschichten in den Kapiteln vom Geist der Fantasie und vom Geist der Liebe wollen im wahrsten Sinne des Wortes märchenhafte Gefühle im Leser erzeugen, durch die bestimmte Botschaften emotional ansprechender werden und so besser ins Innere des Lesers transportiert werden können. Das Buch ist dennoch für Kinder ungeeignet, da es für die kindliche Psyche zu vielschichtig ist.

Ich möchte den Leser zum Nachdenken anregen, seine Sensibilität für andere Menschen erhöhen und sein Bewusstsein für sein eigentliches Ich schärfen. Die Keimzellen für eine positive Veränderung der Welt bilden sich zuerst im Bewusstsein der Menschen heraus. Die schönsten Bücher sind diejenigen, in denen der Leser die Größe und Vielfalt seines eigenen Wesens erkennen kann. Lassen Sie sich nun, lieber Leser, in die Welt eines kleinen Jungen entführen, der offen, neugierig und wissbegierig Antworten auf all seine vielen Fragen sucht und sie auch erhält – aber auf eine Art und Weise, wie er es sich niemals erträumt hatte. Antworten, die über die Grenzen unseres Daseins hinaus und bis an die Grenzen unserer menschlichen Sprache reichen. Vielleicht sind Sie auch neugierig?

Thomas Ach

Der Träumer

Wie schön war die Zeit, die ich mit meinen Eltern und meinen zwei Geschwistern, Bruder und Schwester, in diesem idyllischen kleinen Dorf verbrachte, inmitten eines lang sich hinziehenden Tals, umgeben von markanten Bergen. Ich muss wohl immer etwas nachdenklicher gewesen sein als andere, denn oft ertappte mich meine Mutter, wie ich „weggetreten" auf einer Wiese lag und auf den höchsten Berg starrte, der nördlich von unserem Dorf in den Himmel ragte. Eigentlich interessierte ich mich nicht sehr für das Dorfleben. Ich blieb oft für mich allein und dachte nach. Ich machte mir über alles Gedanken - über den Sinn des Lebens und warum alles so ist, wie es ist, was gut ist und was böse: Warum, warum, warum?

Ich habe einmal gelesen, dass ein Philosoph ein Mensch ist, der es nicht verlernt hat, sich immer wieder aufs Neue über das Leben zu wundern, und der sich nie so richtig an das Leben gewöhnt hat, da es ihm fortwährend neue Rätsel aufgibt. Ich beobachte die Menschen, wie sie sich in ihrem immer gleich anmutenden Alltag verlieren, sich an alles gewöhnen, was geschieht, und keine darüber hinaus gehenden Gedanken mehr entwickeln können. Ich finde dies ziemlich trostlos. Bin ich deswegen schon ein Philosoph? Wohl kaum, da Philosophen bekanntlich ja auch Antworten finden. Ich hingegen bin nur ein Suchender, der bis jetzt noch nichts Greifbares entdecken konnte.

Damals jedenfalls war ein Wirrwarr von Gefühlen in mir, die mich auseinander zu reißen drohten. Da ich viele Fragen hatte und sich die Erwachsenen oft durch mich genervt fühlten, musste etwas geschehen. Doch was? Ich starrte auf den Berg, der sich stolz und würdevoll über das Tal erhob. Ganz oben verlor sich der dichte Wald und gab den Blick frei auf einen offenen, lichten Platz, von dem man sicherlich alles rundum überblicken konnte. Dort oben muss man dem Himmel und somit den großen Wahrheiten ganz schön nahe sein, dachte ich und schaute erwartungsvoll in die Höhe. Der Berg hatte mich schon immer angezogen, und ich wusste eigentlich nicht, warum. Ich war noch nie bis zu der kahlen Stelle auf dem Gipfel gekommen. Kein Weg führte direkt dorthin, und meine Geschwister lachten mich aus und meinten: „Da oben war noch kein Mensch. Es gibt dort bestimmt Berggeister.“ Eines wusste ich, und ich spürte es ganz deutlich, während mein Herz wild in mir pochte. Irgendwann werde ich ganz allein da oben sein und in das Tal mit all seinen Menschen hinabblicken. Dann werde ich alles von einer höheren Warte aus betrachten können. Vielleicht werde ich auf dem Berg die Antworten auf meine vielen Fragen bekommen.

An einem heißen Spätnachmittag im Sommer war es dann soweit. Ich lag auf der Wiese, meine Eltern und meine Geschwister waren weg und würden erst am späten Abend zurückkehren. Ich war also allein. Ich starrte auf den Berg, aber dieses Mal hatte ich das Gefühl, dass er mich auch anschaute. Ich wusste nun, dass ich nach oben musste. Der Zeitpunkt war gekommen. Jetzt, sofort! Ich stand wie elektrisiert auf und begann, das Tal zu durchschreiten.

Ich nahm die Menschen, denen ich begegnete, kaum noch wahr und ließ nach etwa fünfzehn Minuten das Dorf hinter mir.

Vor mir schlängelte sich ein schmaler Pfad durch eine Blumenwiese an einem Bach entlang. Zunächst ging es etwas bergab, bis ich nach einigen Minuten vor einem dichten, dunklen Wald stand, in den ein breiter, nun ansteigender Weg führte. Es war der Einstieg zum Berg, der sich jetzt in seiner ganzen vollendeten Pracht vor mir ausbreitete.

Zuerst ging es gemächlich bergauf. Der dichte Wald verschluckte einen großen Teil des Tageslichtes, und ich spürte eine angenehme Kühle auf meiner Haut. Nach einer Biegung wurde der Weg plötzlich enger und fester und führte jetzt steil nach oben.

Nichts konnte mich mehr an meinem Vorhaben hindern.

Immer dichter und üppiger schien der Wald zu werden, und ich war schon ziemlich außer Puste, als es weit vorn etwas heller wurde. Es musste eine Lichtung sein. Nach einigen Minuten erreichte ich die Stelle, und zu meinen Erstaunen stellte ich fest, dass nun der Weg zu Ende war. Er verlor sich in einem kleinen Wiesenstück, von dem man einen Blick in ein anderes Tal werfen konnte, aber auf dem Gipfel war ich noch lange nicht.

Oberhalb der Wiese wuchs dichter Wald den Berg empor.

Um an meine von unten fixierte Stelle zu kommen, musste ich jetzt durch den pfadlosen Wald steil nach oben steigen. Ein Dickicht von Zweigen verursachte eine ziemliche Missstimmung in mir. Aber ich kämpfte gegen meine negativen Gefühle an und zwängte mich durch das dichte, unübersichtliche Gestrüpp. Ich nahm es in Kauf, feine und auch größere Äste in meinem Gesicht zu spüren, gelegentlich abzurutschen und mit den Knien auf dem felsigen Boden aufzuschlagen. Nein, ich würde nicht nachgeben. Ich würde mich überwinden und weiter kämpfen, wenn auch inzwischen etwas orientierungslos.

Der Wald ließ gerade noch so viel Tageslicht durch, dass ich mir meinen Weg nach oben bahnen konnte. Wegen der vielen Hindernisse ging es nun aber nur noch langsam voran. Ich versuchte mir vorzustellen, in welcher Richtung die von mir anvisierte Stelle sein konnte, doch mein Vorhaben gestaltete sich schwierig.

Nach einiger Zeit war ich oben angelangt. Es ging nicht mehr höher, aber ich war eingekesselt von dichtem Wald, und von der lichten Stelle auf dem Gipfel fehlte noch immer jede Spur.

Ich musste mich nun für eine Richtung entscheiden. Also weiter nach links, wieder durch Gestrüpp, an dichtem Baumwuchs vorbei. Mittlerweile war ich mit einigen Schrammen versehen und versuchte verbissen, mein Unbehagen nicht zur Kenntnis zu nehmen.

Endlich schien sich meine Tortur ihrem Ende zu nähern. Vor mir rechts wurde es heller. Ich steuerte dorthin und wurde nicht enttäuscht. Ich hatte es geschafft! Vor mir lag ein baumloser, teilweise felsiger und mit Gras bewachsener Platz. Das war die Stelle, die ich immer von unten gesehen hatte. Nun war ich da – oben auf dem Berg.

Ich betrat die Lichtung und hatte die schönste Aussicht, die man sich vorstellen kann. Die Häuser unten im Dorf wirkten wie Miniaturhäuser auf einer Spielwiese. Der Himmel war zum Greifen nahe, aber war ich damit auch den Wahrheiten näher, die ich suchte?

Ich fühlte Erleichterung darüber, den Aufstieg geschafft zu haben und das Tal in seiner vollständigen Länge von oben erblicken zu können. Dennoch war mir nicht ganz wohl in meiner Haut. Der Aufstieg hatte mehr Zeit in Anspruch genommen, als ich ursprünglich geplant hatte, und es fing schon an zu dämmern. Ich wollte mich hier oben noch ein wenig besinnen, aber wenn ich dann den Abmarsch ins Tal beginnen würde, wäre es bereits dunkel.

Was tun? Bei dem Gedanken, in der Dämmerung oder gar in der Dunkelheit den Wald zu durchqueren, erfasste mich ein Schauder. Mir blieb wohl nichts anderes übrig, als die Nacht auf dem Berg zu verbringen.

Ich dachte an meine Eltern, die sich sicher große Sorgen um mich machen würden. Die Dämmerung verstärkte sich, und vom Tal kam der Klang der Kirchturmglocke empor, die den Abend in unserem Dorf einläutete.

Dann war nur noch Stille.

Am Himmel leuchteten die ersten Sterne. Eine schwere Müdigkeit stieg in mir hoch, der ich mich ergeben musste. Neben einem kleinen Felsen dicht am Abgrund legte ich mich in eine mit Gras bewachsene Mulde. Hier verspürte ich eine behagliche Ruhe und genoss die angenehme Wärme des Abends und die abgeschiedene Schönheit dieses von der Sonne verwöhnten Fleckchens Erde. Kein Mensch würde mich hier oben stören. Ich war allein, dem Himmel mit seinen vielen Lichtern nahe, die sich vervielfachten, je dunkler die Nacht hereinbrach.

Ich schloss meine Augen und spürte noch einen leichten Luftzug – dann nichts mehr. Der Schlaf hatte mich eingeholt.

Der Geist der Weisheit

Etwas Unerklärliches passierte: Ich wusste, dass ich nicht wach war, denn ich hatte den Bezug zu meiner Umgebung verloren. Und doch registrierte ich etwas, das immer näher auf mich zukam.

Es war ein Licht - hell und leuchtend, aber nicht grell. Ich spürte seine angenehme Energie, als es ganz in meiner Nähe Halt machte.

Die Schwingung, die von ihm ausging, berührte mich so angenehm in meinem Innern, dass Worte das Ausmaß dieses Erlebnisses nicht beschreiben können. Das Licht stellte sich mir vor:

„Ich bin der Geist der Weisheit". Das Licht sprach mit mir! Ich konnte es nicht fassen. So etwas gibt es doch nicht!

„Du hast mich gerufen", fuhr es fort. „Du möchtest vieles wissen. Ich bin hier, um einen Teil deiner Fragen zu beantworten. Danach werden noch viele Geister kommen und mit dir in einen Dialog treten, um dir zu einem bewussteren, wahrhaftigeren Selbst zu verhelfen und dir viele Zusammenhänge deutlich zu machen. Ich bin der Vorbote. Wir alle kommen aus der Einheit - aus der schöpferischen Kraft, die ihr Menschen Gott nennt. Es ist die Einheit von allem, was ist, die in ihrer höchsten, vollendeten Form absolute Liebe ausdrückt. Alles andere ist eine von euch erschaffene Realität, die letztendlich keinen Bestand haben wird."

Ich war fassungslos, aber da das Licht bzw. der Geist einen ruhigen und friedvollen Eindruck machte, traute ich mich, eine direkte Frage zu stellen.

„Kannst du mir nicht etwas genauer erklären, woher du kommst? Und bist du vielleicht sogar in der Lage, mir einen Beweis Gottes zu liefern?"

„Oh, junger Mann", sprach der Geist, „du willst gleich hoch hinaus. Ich war schon immer da, und ich werde immer sein, weil ich nichts als reine Energie bin, die ewig währt. Und in diesem Augenblick hast du mich kraft deiner Gedanken zu dir gerufen. Du musst eines wissen: Alles ist Energie, und entsprechend ihrer Schwingungsfrequenz kann sie die unterschiedlichsten Formen annehmen, die auch materieller Art sein können. So etwas wie reine Materie gibt es nämlich nicht. Und was Gott anbelangt: Hast du noch nie festgestellt, dass der Mensch ein abgrundtiefes Bedürfnis nach etwas Größerem hat, nach dem Absoluten, dem Unvergänglichen, das keiner Zeit unterworfen ist? Nach der totalen Liebe? Dieses Bedürfnis ist bei allen Menschen so groß, dass Gott schon allein deshalb existieren muss. Kann es eine einfachere und deutlichere Erklärung geben?"

„Nein!", meinte ich. „Ich glaube kaum. Viele Antworten liegen eben doch im Innern des Menschen verborgen, der sie wegen der vielen äußeren Reize aber oft nicht wahrnehmen kann."

„Du bist gut", frohlockte der Geist, und sein Licht tanzte um mich herum.

Ich fragte schnell: „Aber dann verstehe ich eines nicht. Warum fügen Menschen sich so viel Schreckliches zu?"

„Das hat etwas mit eurem Ego zu tun", erklärte der Geist weiter. „Aber das wird dir später der Geist des Egos näher erläutern. Ich sage dir dazu nur so viel: Das, was ist, wird erst durch sein Gegenteil sichtbar, durch das Andere. Wenn das Andere fehlt, kann sich das, was ist, nirgendwo widerspiegeln. Es hat nur sich selbst und kann sich nicht erkennen. Wären beispielsweise alle Menschen geizig, dann könnten sie ihren Geiz nicht erkennen. Dies wird erst dadurch möglich, dass es auch verschwenderische

Menschen gibt. Verstehst du? Ohne das Andere hätte das Eine nicht die Möglichkeit, sich einzuschätzen, weil es nichts außer sich selbst kennen und wahrnehmen würde.

Du hast im Leben immer die Wahl und verfügst über ausreichend Möglichkeiten. Wenn du so willst, stellt Gott die Summe aller Möglichkeiten dar. Wie Gott im Großen hast du im Kleinen schöpferische Kräfte, die durch deine Gedanken und deine Überzeugungen wirken. Gott lässt jede Bewusstwerdung und deren Ausagieren zu. Er schränkt die Möglichkeiten nicht ein, denn seine Energie ist in allem vorhanden und in allem wirksam. Aber keine Angst! Denke immer daran, dass die höchste Form Gottes die Energie der Liebe ist, was immer auf der Erde passiert. Dies ist die absolute Wahrheit, an der kein Weg vorbei führt."

„Aber", sagte ich ganz aufgeregt, „ich verstehe noch nicht ganz. Warum lässt er so viel Böses zu? Was macht das für einen Sinn?"

„Der Sinn", sagte der Geist und rückte etwas näher an mich heran, „liegt in der Erfahrung dessen, was der Einzelne oder auch ein Kollektiv beschließt. Das kann gut oder schlecht sein, und das hängt auch davon ab, wie ihr die Dinge bewertet. Schlimm ist eine Entscheidung gegen die Liebe, gegen die Mitmenschlichkeit und gegen die Freiheit des Einzelnen, denn Liebe und Freiheit sind die höchsten schöpferischen Prinzipien. Das sogenannte Böse existiert nicht isoliert. Der Nährboden des Bösen ist immer das Ego: Selbstsucht, Mangel an Liebe, Intoleranz gegenüber dem Anderen. Die Ursache dafür ist das Nichtbewusstsein des Göttlichen. Eine kategorische Trennung von Gott und dem Bösen kann nicht vollzogen werden, denn Gott räumt ja dem menschlichen Ego die Möglichkeit ein, Böses zu tun. Da Gott die absolute Freiheit ist, ist in seinen Planungen auch das Böse enthalten. Es soll kein Mensch glauben, dass er irgend etwas tun kann, was Gott nicht bereits als Möglichkeit erschaffen hat. Alles ist durch Gott erst möglich, da außer Gott nichts existiert. In der Einheit Gottes sind alle dualistischen Widersprüche vollständig erfasst und aufgelöst, und deshalb können auch mehrere widersprüchliche Wahrheiten in einem Raum existieren. Das Böse ist immer der Ausdruck eines mangelnden Gottesbewusstseins."

„Was hat es dann mit der Hölle auf sich?" fragte ich neugierig. „Gibt es sie?"

„Dies ist eine der schamlosesten und dümmsten Erfindungen der Menschen", erwiderte der Geist. „Warum sollte Gott eine ewige Hölle zulassen, wenn er bei all den schlimmen Verbrechen, die sich die Menschen gegenseitig zufügen, nicht eingreift? Überlege doch! Ein Beobachter, der nicht hilft, macht sich mitschuldig, oder etwa nicht?"

„Ja, da hast du eigentlich recht", bestätigte ich.

„Also würde Gott sich selbst verurteilen, was ziemlich unwahrscheinlich ist. Weißt du, die Hölle ist die schlimmste denkbare Konsequenz von Gedanken, Bewusstsein, Einstellungen und Handlungen. Da sich aber auf dem kosmischen Rad alles ständig verändert, ist auch die Erfahrung der ‚Hölle' nur vorübergehender Natur. Hölle ist ein vorübergehender Bewusstseinszustand und ändert sich zwangsläufig. Alles Veränderliche hat mit der letztendlichen Wahrheit nichts zu tun."

„Was ist die letzte Wahrheit?", fragte ich.

„Oh", antwortete der Geist und mir schien fast, als würde er mich anlächeln. „Ich erwähnte es bereits, aber es ist wohl sehr schwer zu verstehen. Alles ist eins. Gott ist der Prozess, die Energie, aus der alles geworden ist und die in allem wirkt. Gott ist aber auch der Schöpfer des Prozesses, in dem er sich selbst erfährt. Gott ist reines Sein und in seiner höchsten Reinheit absolute Liebe, das stärkste Gefühl, das existiert."

„Man kann sich das praktisch wirklich nur sehr schwer vorstellen“, entgegnete ich, „aber kannst du mir noch etwas über den Sinn des Lebens sagen?“

Der Geist erklärte: „Weißt du, das ganze Leben ist im höheren Sinne eine einzige Erfahrung Gottes. Gott ist keine personifizierte Erscheinung, er oder es erlebt sich in allem, was ist, und ist auch in der Lage, jede äußere Form anzunehmen. Du kannst dir sicherlich vorstellen, dass bei den Milliarden von Galaxien noch viele andere Schöpfungen entstanden sind. Gott möchte sich ausdrücken und sein Wissen in Erfahrung umsetzen, denn was nützt das reine Wissen, wenn es nicht erfahrbar wird? Aus wissendem Sein wird wissendes erfahrenes Sein. Das ist der Sinn! Das Leben drückt somit ein Ereignis von Möglichkeiten aus. Auf den Menschen bezogen bedeutet dies, dass individueller Lebenssinn entsteht, wenn ein Mensch eine Leidenschaft für eine bestimmte Sache entwickelt, ein Interesse entdeckt oder Hingabe erfährt. Dies gilt gleichermaßen für alle Menschen. Wie sich nun der Lebensinhalt eines Menschen artikuliert, ist natürlich auch individuell verschieden.“

Hier beendete der Geist seinen Vortrag und fragte mich, ob ich noch etwas wissen wollte. Er war offenbar ganz versessen darauf, auf all meine Fragen zu antworten.

„Ja – auf jeden Fall! Ich habe noch eine Frage!“

„Dann stelle sie doch“, forderte der Geist.

„Wie entstehen schöpferische Kräfte? Kannst du dies noch deutlicher erklären?“

„Aber sicher! Durch deine Gedanken. Die Gedanken eines Menschen versuchen sich in der äußeren Realität zu manifestieren. Realität spiegelt das Denken wider. Die kraftvolle Energie der Gedanken wird vom Glauben an eine bestimmte Sache gespeist. So entsteht die Welt. Bilden Wunsch, Gefühl, Wille und Glaube eine Einheit, dann entsteht ein schöpferischer Akt, der seinen Ursprung in den Gedanken bzw. im Bewusstsein hat. Darum übe stets Gedankendisziplin. Mit deinen Gedanken ziehst du alles an, das Gute und das Schlechte - also auch das, was du eigentlich nicht erfahren möchtest. Es kommt hierbei auf die Dauer und auf die Intensität deiner Gedanken an. So wie du denkst, fühlst du dich auch, und so erschaffst du dich ständig neu. Wichtig ist nicht, was du im Außen erfährst, sondern wie du darüber denkst, wie du es in deinem Innern verarbeitest. Auf diese Art transportierst du dein eigenes Ich sozusagen nach außen."

„Kannst du mir den Unterschied zwischen Sein und Denken noch etwas genauer erläutern?"

„Sehr gerne, aber es wird sicherlich etwas schwierig", meinte der Geist, und das wunderschöne Licht rückte wieder ein Stückchen näher an mich heran. „Sein ist - Denken tut. Sein ist die erste Ursache und verursacht alles. So wie du bist, so fühlst du dich und so denkst du auch über dich. Andererseits bist du so, wie du über dich denkst. Wie du siehst, entsteht hier ein Kreislauf. Dieser hat seinen Ursprung im Sein, aus dem das Denken hervorgeht. Alles was jemals war, ist und sein wird, existiert im ewigen Moment des J e t z t. Mit deinem Denken verursachst du eine Erfahrung vom Sein, das du zu sein glaubst, ohne dass jedoch deine wirkliche Identität – die reine Energie, das reine Sein - davon berührt wird. Du erschaffst mit deinen Gedanken kein neues Sein, sondern holst dir lediglich etwas von dem, was ist und was immer schon existiert hat. Gedanken sind somit auch Illusionen, die dem, was ist, subjektive Bewertungen und Bedeutungen geben. Das wahre Sein wird durch das Denken nicht beeinflusst, denn das würde eine Veränderung Gottes bedeuten. Gott ist unbewegt und bewegt dennoch alles. Gott ist der unbewegte Beweger.

Obwohl du das Sein als Ursache von allem ansehen kannst, ist es kein Prozess, durch den etwas geschieht. Es ist eher ein

Gewahrseinszustand oder ein Bewusstseinszustand, der unmittelbar dann eintritt, wenn du eine Wahl triffst. Das Denken als schöpferischer Akt hingegen ist ein zeitlicher Prozess, durch den dem Sein die Möglichkeit der Erfahrbarkeit eingeräumt wird. Näheres wird dir der Geist der Phantasie erklären, der sich dir noch vorstellen wird, denn das Denken beherbergt ein ungeheures Potential an Phantasie. Doch eins nach dem andern. Nur noch so viel: Denken benötigt Zeit. Wenn du dir in Gedanken ein Wunschbild von dir machst, kann das auch zu dem Gedanken führen, dass du diesem Bild noch gar nicht entsprichst. Verneinungen im Denken können dich in deinem Wachstum hemmen. Sie können Zweifel an der Realisierbarkeit deiner Ziele nähren und damit deren Realisierbarkeit erst verhindern. Sei darum vorsichtig. Denken erschafft häufig Probleme, da das Sein sofort eintritt. Hast du schon einmal ohne ersichtliche Ursache Dankbarkeit empfunden? Warst du schon einmal grundlos glücklich - einfach so?“

„Ja - mit Sicherheit!“

„Siehst du! So ist es mit dem Sein. Es ist sofort zur Stelle - ohne Nachdenken! Es wäre also besser, wenn du dich in Zukunft bewusst für einen bestimmten Seinszustand entscheidest, da du auf diesem Wege viel Zeit sparst. Hast du dies verstanden?“

„Ich glaube schon“, entgegnete ich nachdenklich. „Es wird allerdings sehr schwer umsetzbar sein, da es ein vollständiges Umdenken erfordert.“

„Psst! Unterlasse dein Denken! Sei einfach!“

„Mmh. Kannst du mir noch etwas über den Sinn der Religionen sagen?“

„Oh, das ist ein weites Feld. Zunächst musst du wissen, dass das Wort ‚re-ligio‘ lateinischen Ursprungs ist und Rückverbindung bedeutet. Gemeint ist natürlich die Wiedervereinigung mit Gott. Dies haben alle Religionen gemeinsam. Sie haben die Absicht, den Menschen Gott näher zu bringen. Sie legen ihm Verhaltensweisen bzw. Einstellungen ans Herz, mit denen er besser werden und sich als würdig erweisen kann, in Gottes Reich aufgenommen zu werden. Wie ich allerdings schon erwähnte, wird Gott von vielen frommen Menschen personifiziert und damit auf ein allzu menschliches Maß reduziert.

Gemäß der christlichen Religion ist Gott ein liebender Gott, gleichzeitig aber auch ein Rachegott, der die Menschen in die Hölle schickt, wenn sie nicht an ihn glauben. Dadurch wird Gott zu einem neurotischen Diktator oder Monarchen, der den Glauben an ihn fordert und seine Untertanen bestraft, wenn sie dem nicht nachkommen. Wie absurd! Die wahre Gottheit ist die Einheit von allem, was ist, und steht jenseits jeder Dualität. Religionen sehen den Menschen oft als von Gott getrennt, doch das ist eine Illusion. Ein Mensch kann sich letztlich das Ausmaß Gottes nicht vorstellen, doch die Gottesreduktionen, die unter dem Deckmantel der Gerechtigkeit ins Leben gerufen werden, zeugen von einer sehr selektiven Wahrnehmung. Die Menschen unterschätzen, was wahre Macht bedeutet. Gott hat es nicht nötig, dass jemand an ihn glaubt. Der Glaube an Gott ist eine Frage des Erinnerns - Erinnerung an den Ursprung des eigentlichen Seins. Noch einmal: Gott ist in allem, was ist.

Jede äußere Erscheinung trägt das Wesen der wahren Wirklichkeit in sich. Es gibt letztendlich kein Ausweichen vor der Wahrheit. Gott ist unausweichlich. Das ist die wirkliche Macht. Eine Macht, die nichts zu fordern hat, die einfach nur wirkt und sich in allem erfährt, was ist.

Die Steigerung des Glaubens an Gott ist das sich Bewusstwerden Gottes. Du spürst dann eine Kraft in dir, die mit deinem Ego nichts zu tun hat. Wenn du nun versuchst, dieses Gefühl auf andere Menschen zu übertragen, wirst du dein Getrenntsein von Gott und den anderen Menschen als Illusion erkennen. Alles ist Eins. Damit ist auch die Frage des Bösen geklärt, das übrigens nicht vom Teufel stammt. Den gibt es nämlich nicht. Er ist eine Erfindung des Menschen und personifiziert das Böse, das aus dem Denken bzw. dem Bewusstsein kommt. Die Hölle, in der angeblich der Teufel herrscht, existiert nicht, sonst gäbe es einen Bereich, in dem Gott keinen Einfluss hat. Merkst du etwas? Auch hier liegt eine Gottesreduktion vor. Im übrigen: Kann es denn wirklich gerecht sein, für menschliche Verbrechen die ewige Hölle zu fordern? Allein der Glaube daran ist – banal ausgedrückt - schon böse. Du siehst, böses Denken und Tun entspringen einem falschen Bewusstsein, das nicht auf einem einheitlichen, auf Gott ausgerichteten Denken beruht. Aber Gut und Böse sind im Grunde genommen philosophische Polaritäten, die dem irdischen Zeitgeist unterworfen sind und in euren Gesellschaften nicht einmal eine gleichbleibende Definition erfahren. Dagegen sind Liebe und Mitmenschlichkeit Konstanten im Bedürfnis aller Menschen, in der psychischen Sensibilität. Das ist es, was zählt! Der Geist des Egos, der nach mir folgt, wird dir erläutern, was diese Grundbedürfnisse überdeckt.

Doch stellen wir uns zum Schluss folgende Frage: Was muss ein Mensch verinnerlichen, um weise zu sein? Wodurch zeichnet sich das Alltagsbewusstsein eines so genannten Weisen aus?

Der Weise denkt, fühlt und lebt stets im Bewusstsein des Ganzen. Er weiß, dass er nicht von dieser Welt ist, dass er aber mit ihr verbunden ist, und er handelt im kosmischen Bewusstsein, das die Welt mit einbezieht. Das individuelle Bewusstsein ist somit untrennbar mit dem Ganzen verknüpft und ist kraft der unendlichen schöpferischen Mannigfaltigkeit dennoch frei.

Ein Weiser will nichts, was er nicht hat, sondern verlangt nach dem, was er bereits hat. Er weiß, dass bereits alles da ist und er zu gegebener Zeit einzelne Aspekte des immer vorhandenen Ganzen erfährt.

Ein Weiser setzt sich nicht mit seinem Ego gleich. Er weiß, dass er Bewusstsein ist, das sich nicht auf das Ego beschränkt und das sich des Egos bedient, wenn es intensivere individuelle Erfahrungen machen möchte.

Ein Weiser kennt den eigenen Anteil an seinen Erfahrungen in seiner gegenwärtigen Realität. Er weiß, dass er auf den verschiedenen Bewusstseinsebenen die Aspekte seiner gegenwärtigen Erfahrungen erschafft, auch wenn ihm nicht immer bewusst sein muss, auf welcher Ebene er was erschaffen hat. Der Weise vertraut dem Ganzen. Dieses Vertrauen ist Ausdruck der höchsten Ehrerbietung für Gott. Das Bewusstsein gliedert sich in das Unterbewusstsein, das ‚normale' Alltagsbewusstsein und das Überbewusstsein – die Seele. Nur ein so genannter Erleuchteter ist sich aller drei Ebenen gleichzeitig bewusst. Oder er hat sie gar überschritten - transzendiert - und findet sich im Zustand der Vollendung wieder, den kein Mensch beschreiben kann.

Der Weise hegt Absichten und haftet nicht an den Resultaten. Er tut, was er für richtig hält, erwartet aber kein bestimmtes Ergebnis und erfährt somit volle innere Freiheit. Er urteilt nicht vorschnell und versucht, mit hintergründigen Fragen an das Leben die Geschehnisse zu verstehen, was nicht immer auch bedeutet, dass er diese bejaht.

Der Weise erkennt die Kraft Gottes als die Kraft zur Selbstüberschreitung, die er bei sich selbst erfahren durfte. Ein anderer Name für diese Kraft ist Liebe. Sie ist nicht nur der Bauplan, der allem Lebendigen zu Grunde liegt, sondern auch die Dynamik, die zu Erlösung und Heilung führt. Die Tendenz, sich in der Sorge um das eigene Wohl dem anderen zu verschließen, entspringt letztendlich dem Egoismus. Der Weise hat dies durchschaut und erfährt nun das Glück, an der Dynamik

Gottes teilzuhaben. Gott macht den Weisen bedürfnislos, indem er ihm alles schenkt.

Die Wahrheiten des Weisen ruhen allesamt im Wissen und nicht mehr in der Hoffnung oder im Glauben.

Hier an dieser Stelle, mein lieber Junge, möchte ich mich von dir verabschieden. Alles Gute!“

„Ich danke dir, lieber Geist“, erwiderte ich. „Ich verstehe nun vieles mehr aus einer höheren Sicht.“

Das Licht zog sich ganz allmählich zurück, bis sich seine Helligkeit in der Unendlichkeit des Universums verlor.

Der Geist des Egos

Jetzt war wieder alles dunkel und still um mich herum. Meine Gedanken kreisten noch um die vielen Erkenntnisse, die ich hatte empfangen dürfen. Ein Gefühl des Friedens zog in mir auf.

Nach einiger Zeit der Entspannung tauchte in der Ferne ein neues Licht auf. Nicht ganz so sympathisch wie das vorherige, verbreitete es dennoch eine freundliche Atmosphäre, als es schließlich meine unmittelbare Umgebung erhellte.

„Ich bin der Geist des Egos", sprach das Licht.

„Was ist der Sinn und Zweck deines Erscheinens?", wollte ich wissen.

Der Geist kam gleich zur Sache. „Ich erfülle allein den Zweck, dir eine Identität deiner selbst zu geben. Ohne mich könntest du dich nicht mit deiner Individualität identifizieren, die erst ich dir verleihe. Ich spende dir einen Eigenwillen: den Willen, selbst zu entscheiden, was dich in deiner Erfahrung der Außenwelt anspricht und was dich damit auch repräsentiert. Ich sorge für die vielen unterschiedlichen und gegensätzlichen Gefühle in dir und bin verantwortlich für die Illusion des Getrenntseins von Gott, die gleichzeitig aber deine individuellen Erfahrungen erst möglich macht. Leider begehst du dabei oft den Fehler, dass du alles auf dich beziehst. Das schmerzt häufig, weil viele Dinge persönlich abstoßend wirken.

Auch wenn du es wahrscheinlich nicht verstehen kannst: Das Leben ist eine erschaffene Realität, eine Illusion, die mit dem wahren Sein nichts zu tun hat. Das Leben ist ein Spiel, in dem das Individuum alles spürbar in Psyche und Körper ausleben kann, was es sich vorzustellen in der Lage ist. Das hat dir der Geist der Weisheit schon beigebracht. Der Sinn besteht in der Erfahrung. Das Leben ist demnach kein Lernprozess, sondern eher ein Durchlaufen von Wissen, das deine unsterbliche, ewige Seele immer schon hatte und jetzt in deinem Körper erfahren möchte. Wissen möchte also erfahren werden. Doch bedenke: Du bist nicht dein Ego oder dein Körper, sondern du bist reines Sein, ewige Energie. Durch die Inkarnation und durch dein Ego machst du die wunderbare Erfahrung von Individualität.

Doch schafft das Ego auch viel Leid. Leid entsteht durch Wünsche, die nicht in Erfüllung gehen, Bedürfnisse, die nicht befriedigt werden, Vergleiche, bei denen du glaubst, den Kürzeren zu ziehen. Das Ego macht deine Psyche verletzbar, und da sich Dein Inneres immer nach außen kehren möchte, wirst du deshalb andere Menschen verletzen. Euer Ego macht euch manchmal herzlos, kalt und verletzend anderen Menschen gegenüber, und dabei seid ihr doch selbst so empfindlich. Euer Ego ist sehr verletzbar! Doch auch hier gilt: Bedeutung erhält ein Gefühl erst durch das Empfinden der ganzen Palette von Gefühlen und durch Kontrastierung mit dem ihm entgegengesetzten Gefühl. Philosophisch ausgedrückt: Das Eine wird erst durch sein Gegenteil sichtbar, durch das Andere. Der Geist der Weisheit drückte es bereits so ähnlich aus.

Als Geist des Egos erschaffe ich im Menschen den Wunsch nach mehr, die Habgier. Hier äußert sich das ganze Dilemma des Egos. Das Individuum entwickelt ständig neue Bindungen im Außen und kann sie nicht loslassen, weil es sich zu sehr mit seinen Wünschen und dem vergänglichen Außen identifiziert. Das macht unzufrieden und unfrei. Der Mensch versucht dies durch mehr Geld, mehr Macht, mehr Einfluss, mehr Besitz zu kompensieren. Das Kuriose dabei ist, dass häufig eine Leere entsteht, wenn sich das Ego alles oder zumindest vieles erfüllt hat. Nichts als Leere! Etwas fehlt. Will es noch mehr von dem, was es bereits hatte? Es scheint wirklich so. Und dann? Verflixt, jetzt fehlt wieder was. Nein! Mit all den Dingen hier auf eurer Erde kannst du mich, dein Ego, niemals zufrieden stellen. Ich bin nämlich ein ganz besonders gefräßiger Nimmersatt. Es sei denn...“.

„Es sei denn was?“, fragte ich ungeduldig, denn der Geist wollte nicht weiterreden.

„Weißt du“, druckste er herum. „Ich möchte mich doch nicht selbst zerstören. Das kannst du wirklich nicht von mir verlangen. Der Geist der Einsicht wird es dir erklären.“

Mit diesen Worten verabschiedete sich der Geist, und sein Licht löste sich ganz schnell in der Dunkelheit auf.

Nun war wieder Ruhe eingekehrt.

Ich fühlte mich nicht besonders gut. Was ich da vernommen hatte, war nicht gerade erbauend. Außerdem blieben in mir noch viele Fragen offen.

Der Geist der Einsicht

Ich kam kaum richtig zur Besinnung, da beobachtete ich in der Ferne ein neues Licht, das rasend schnell auf mich zuschwebte. Etwa drei Meter über mir blieb es stehen und verharrte so. Seine Schwingungen erzeugten in mir ein Gefühl des Vertrauens.

„Ich bin der Geist der Einsicht", sprach es fast etwas majestätisch. „Ich weiß bereits um all deine Fragen, denn vergiss nicht: Wir kommen alle aus der Einheit. Alles kommt aus der gleichen Energie. Wissen ist eine Frage des Empfangens. Ich werde dir gleich am Anfang mein Geheimnis verraten. Einsicht ist schlicht und einfach Bewusstheit. Durch Bewusstsein wird dein Ego zurückgedrängt. Inwieweit dein Ego dich berührt, hängt vom Grad deiner Bewusstheit ab. Das heißt aber nicht, dass du dein Selbst dann nicht mehr spüren kannst. Wenn du dein Ego beiseite legst, erfährst du Gottes reines Wirken. Es geschieht durch dich! Gott spricht durch dich, und du erlebst dies individuell. Du erfährst Freude und Freiheit, die nicht durch das Verlangen des Egos getrübt sind. Du wirst zum neutralen Zeugen und Beobachter des jeweiligen Ausschnitts von allem, was ist, den du gerade erlebst, ohne zwanghaft beurteilen oder bewerten zu müssen. Du vermeidest dadurch deine Identifikationen und die aus ihnen resultierenden Bindungen, die dich gefangen halten und durch bereits besetzte Emotionen eine umfassende bewusste Wahrnehmung verhindern. Wenn du zu viele Bindungen im Außen hast, sind Gefühle besetzt, und du kannst nicht mehr ganz frei wahrnehmen. Ich weiß, emotionale Bindungen stellen dich dar, sie repräsentieren dich. Aber wenn sie dich gefangen halten, sitzt du im selbst gebastelten Gefühlskäfig und hast Angst, etwas von dem zu verlieren, was du besitzt. Oder du bist zu sehr blockiert, um dich für Neues zu öffnen. Dann kannst du nie wirklich aufblühen. Wenn du freier bist, schielst du nicht mehr nach anderen Menschen, um deren Anerkennung zu erhalten. Das Ego in dir benötigt eine Menge Wirkung im Außen. Werde bewusst, dann weißt du auch, was du willst und wirst keine Ersatzbefriedigung suchen.

Ich verrate dir noch ein Geheimnis. Einsicht bedeutet Sensibilität, und Sensibilität ist die Grundvoraussetzung der Einsicht. Wahre Sensibilität mündet in Einsicht und gleicht in bestimmten Grenzen sogar Nichterfahrung aus. Nichterfahrung bedeutet leider häufig auch Nichtbewusstsein. Mit viel Sensibilität kann nicht Erfahrenes jedoch gefühlsmäßig ertastet werden. Dies ist zwar nicht mit der Intensität einer tatsächlichen Erfahrung gleichzusetzen, entwickelt oder vermittelt aber die Grundlage für ein breiteres Verständnis. Einsicht beruht auch auf der Intuition, zu der ein Mensch fähig ist, wenn er auf seine wahre innere Stimme hört, die frei vom Ego ist. Aufgrund seiner Intuition ist ein Mensch in der Lage, auf ein bereits vorhandenes umfangreiches Netz an Einsichten, Wahrnehmungen, Lösungen und so genannten Vorausahnungen zurückzureifen. Intuition ist die innere Wahrnehmung einer Facette von allem, was ist, und wirkt sich daher ihrer Intensität entsprechend auf die individuelle Erfahrungswelt eines Menschen aus, da sie die bewusste Entscheidung fördert."

„Jetzt habe ich eine Frage", unterbrach ich den Geist.

„Ja?"

„Wie unterdrücke ich meine negativen Gefühle?"

„Überhaupt nicht!", antwortete der Geist. „Lass sie ruhig zu und werde ihrer voll bewusst, ohne sie zu bewerten. Bekämpfe sie nicht, sonst verleihst du ihnen nur noch mehr Realität. Was du bekämpfst, verstärkst du in dir. Es ist so einfach: Lass das Gegenteil von dem zu, was du im Augenblick an Negativem empfindest. Das ist die Einsicht des positiven, d. h. des aufbauenden Denkens. Was du nicht willst, vergeht ganz ohne

Kampf, wenn du deine volle Aufmerksamkeit auf das richtest, was du erfahren möchtest. Du wirst immer nur das erfahren, worauf du deine Aufmerksamkeit richtest. Orientiere dich an deinen von dir gewählten Glaubenssätzen, die zum Beispiel lauten können: Ich vertraue dem höheren Prinzip, nach dem letztlich alles geschieht. Oder: Ich muss nicht immer alles perfekt machen - ich kann mir auch Fehler leisten, aus denen ich lernen werde. Und so weiter. Stress und negative Gefühle werden dadurch auf ein für dich erträgliches und leichter zu verarbeitendes Maß gesenkt. Solche Glaubenssätze zeigen ihre Wirksamkeit in den verschiedenen Gegebenheiten des Alltags und sind im Gegensatz zu den aktuellen alltäglichen Gedanken zeitlich sehr stabil. Du selbst hast es also in der Hand, deine Gedanken und Gefühle auf diese Art zu steuern. Du bist dein eigener Herr und weißt, dass du anderen keine Schuld zuweisen kannst, wenn du dich schlecht fühlst. Die Verantwortung liegt bei dir allein.

Wenn du bewusst und einsichtig bist, erkennst du auch, dass alle Dinge viele verschiedene Seiten haben und dass auf alles viele gegensätzliche Wahrheiten zutreffen. Jede dieser Wahrheiten hat ihre eigene Existenzberechtigung. Es kommt nur darauf an, welche du sehen möchtest und welche du ignorierst. Ein bewusster Mensch sieht alles, beobachtet und verurteilt nicht. Er versteht, dass ein Ding so und gleichzeitig tausendfach anders sein kann.“

„Wie kann ich das Schlechte gut heißen?“, entgegnete ich.

„Es hat niemand gesagt, dass du es gut heißen sollst. Gehe nur deinen Weg und verdamme nicht das, was du nicht verstehen kannst. Deine innere Stimme oder Intuition wird dir mitteilen, was für dich richtig ist. Wenn dein Ego geschrumpft ist, wirst du einen besseren Zugang zu deinem ureigenen Sein haben, denn das Ego täuscht. Ich wiederhole dir gerne den Kernpunkt meiner Botschaft: Bewusstsein, Intuition und Sensibilität – das Sehen von allem, was ist - sind die Ursache der Einsicht und bedeuten daher ein Näherrücken zu Gott. Gott ist absolutes Bewusstsein, und das ist in seiner höchsten Größe absolute Liebe, das stärkste Gefühl, das existiert.

Ich bin damit zum Ende gekommen. Ich wünsche dir alles Gute. Es gibt für mich nichts weiter zu sagen!“

Das Licht erlosch fast urplötzlich, und ich sah, wie ein Schimmer in Form eines leichten Nebels zurück ins Weltall schwebte. Der Geist war weg, und ich befand mich wieder allein in Stille und Dunkelheit.

Der Geist der Vergebung

Viel Zeit zur Besinnung blieb mir nicht. Ich musste alles irgendwie verarbeiten. Leichte geistige Kost waren die Mitteilungen der Geister sicherlich für mich nicht. Die Geister standen bei mir ja regelrecht Schlange.

Aus der Tiefe der Dunkelheit schwebte ein neues Licht auf mich zu und machte rechts neben mir halt. Es war ein zartes, aber doch helles Licht.

Das Licht sprach: „Ich bin der Geist der Vergebung. Ich möchte dich nicht gleich am Anfang mit einem Vortrag unterhalten, sondern dir zunächst einmal eine Frage stellen. Was verstehst du unter absoluter Gerechtigkeit?“

„Mmh!“, presste ich hervor. „Das ist aber eine schwierige Frage!“

„Überlege!“, forderte der Geist.

„Nun, ich denke, dass es nicht gerecht ist, wenn alle genau das Gleiche haben, denn die Bedürfnisse und Wünsche von Menschen können sehr unterschiedlich sein. Jeder benötigt das Seine, das wäre gerecht. Aber da fällt mir noch was ein: Wenn ein Mensch einem anderen Menschen übel mitspielt und dann irgendwann das Gleiche durchleben muss, was sein Opfer erfahren hat, und damit die Schuld abgetragen ist, das wäre für mich absolute Gerechtigkeit.“

„Nicht schlecht“, sagte der Geist. „Aber war es denn für das Opfer gerecht, dass es schuldlos leiden musste?“

„Sicherlich war es nicht gerecht, aber das Opfer hat Genugtuung und der Täter Einsicht, nachdem er alles selbst erleben musste.“

Der Geist sprach: „Untersuchen wir einmal die Sache etwas anders. Warum einem Menschen das Eine oder Andere zufällt, können wir oft nicht verstehen. Deshalb sollten wir von dem Versuch zu beurteilen Abstand nehmen. Vielleicht ist ihm das zugefallen, was er angezogen hat. Reine Zufälle gibt es nämlich nicht. Es existiert nur Ursache und Wirkung.

Was mich selbst betrifft, so bin ich die reine Vergebung. Um in dir inneren Frieden zu erzeugen, musst du in der Lage sein zu vergeben. Das ist der Sinn meiner Existenz. Ich wirke in Form von Vergebung in dir. Gegenüber den Tätern ist dies wohl nicht gerecht, aber es ist der einzige Weg, Ruhe und Friede in deiner Psyche wiederherzustellen. Letztendlich wird alles hier auf Erden abgearbeitet sein. Aber bedenke: Gott verzeiht nie, weil er nie verurteilt hat. Dennoch spielt die Vergebung eine bedeutende Rolle, denn ohne sie würde die Welt noch mörderischer aussehen, als sie sich ohnehin im Augenblick darstellt. Ich verhindere nämlich ein sehr starkes destruktives Gefühl: den Hass. Gott, die allmächtige schöpferische Kraft hat auch geistige Gesetze geschaffen, die in einem perfekten Prozess funktionieren.

Wenn du in meinem Sinne lebst, dann empfindest du ein inneres Gleichgewicht, ist aber der Hass dein Herr, wirst du an Körper und Geist krank. Du bist dann nicht mehr bewusst, weil du nur noch eingeschränkt wahrnimmst. Hass zerstört, Vergebung baut auf. Erinnerst du dich noch an den Geist der Einsicht, der dir dies in einer ähnlichen Art und Weise mitteilte? Vieles wiederholt sich, wie du siehst, und unterliegt auch mentalen Gesetzmäßigkeiten. Du hast aber immer die Wahl. Das heißt nicht, dass du schlechtes Verhalten tolerieren sollst. Wenn man als Mensch keine Resonanz durch andere Menschen erfährt, hat man auch nicht die Möglichkeit, an sich etwas zu korrigieren, weil man von allein häufig nicht merkt, wie das Selbst auf andere wirkt. Das heißt, die Wirkung spürt der Mensch schon, er bringt sie nur nicht immer mit dem eigenen Verhalten in Verbindung. Du sollst dich also wehren, weil du dadurch auch dem Anderen die Chance einräumst, sein Verhalten zu korrigieren, falls er dazu bereit ist. Vermeide aber Streit mit einem von dir zu stark aufgesetzten Ego. Wehre dich intelligent! Vermeide es, in die Gefühlsfallen zu rennen, die dir der andere bewusst oder unbewusst auslegt. Lass dich nicht von den negativen Emotionen des anderen beeinflussen, denn dann hast du den Kampf bereits verloren, und er kann dich für etwas kritisieren, was eigentlich ihn betrifft und was er auf dich projiziert hat. Schlechtes Tun ist von anderen Menschen niemals zu akzeptieren, aber sieh dich vor, dass du deine eigenen Emotionen behältst. Wenn du das Verhalten des andern nicht ändern kannst, dann verändere deine Einstellung und vergib einfach. Tu dies um deiner Selbst willen, damit sich Frieden in dir ausbreitet und kein Hass entsteht.

Es setzt mich immer wieder in Erstaunen, wie rücksichtslos viele Menschen miteinander umgehen und wie verletzlich sie dabei selbst sind. Da hilft nur eines: Der Mensch muss in sich gehen, sich seiner eigenen Gefühle bewusst werden und anderen Menschen das zugestehen, was er sich selbst erlaubt und was er benötigt. Braucht ein Mensch beispielsweise Aufmerksamkeit, so sollte er auch anderen Aufmerksamkeit schenken. Eins steht fest: Ihr Menschen benötigt in vielerlei Hinsicht alle das Gleiche. Nur in der Wahl der Mittel seid ihr euch uneins. Aber bitte keine Verzweiflung! Sei bewusst, und du erfährst in der Kraft der Vergebung einen wahren Segen, denn du kannst nicht erwarten, dass andere so denken, fühlen und handeln wie du. Jeder Mensch kann nur seinem individuellen momentanen Bewusstseinszustand entsprechend handeln, dennoch hat das Bewusstsein die Möglichkeit, sich im Laufe des Lebens durch Erfahrungen zu verändern. Verzeihe dir auch deine eigenen Fehler, hege niemals Groll gegen dich selbst, sieh alles als Erfahrung, die dir letztendlich von Nutzen ist und aus der du lernst. Wenn Milde der Maßstab bei deiner eigenen Beurteilung ist, so wirst du auch mit anderen nicht so hart ins Gericht gehen, falls nicht ureigenste Interessen bei dir berührt werden. Noch einmal: Wenn du nicht vergeben kannst, agierst du gegen dich selbst. Verzeihen hingegen macht frei.

Jetzt bin ich am Ende. Über mich, die Vergebung, ist alles gesagt. Ich wünsche dir alles Gute!“

Das Licht verharrte noch einen kurzen Moment, und es schien mir, als würde es mich betrachten. Dann entschwebte es, wurde immer kleiner, bis es von der Dunkelheit restlos verschluckt wurde.

Der Geist des Glücks

Nur wenige Minuten konnte ich mich der Stille hingeben, als sich mir ein neues strahlendes Licht aus dem Universum näherte. Doch was war das? Dieses Licht funkelte im Gegensatz zu den anderen in sämtlichen denkbaren Farbschattierungen. Eine derartige Farbenpracht hatte ich noch nie gesehen. Die einzelnen Farben flossen und verschwammen ineinander und drifteten dann wieder auseinander. Es war ein wahrlich außerirdisches Schauspiel, das sich mir da bot.

„Lieber Junge“, klang es aus dem Farbenrausch. „Ich bin der Geist des Glücks.“

„Was für ein Zauber!“, rief ich dem Geist entgegen.

„Oh!“, meinte der Geist. „Ich kann keine andere Wirkung erzielen; denn ich bestehe aus reinem Glück! Pass auf! Ich habe dir gleich zu Anfang einige kleine gereimte Zeilen mitgebracht:

Das Glück wird sein dir ewig lieb und hold
wenn Ärger, Angst, und Zorn in dir nie grollt
Gedanken und Gefühle werden dich glücklich stimmen
und keine Qualen in deiner Seele glimmen
dann bist du frei, um alles zu empfangen
woran dein Herz so oft gehangen!

Siehst du, darum geht es. Ich befreie dich von allen deinen Sorgen, lasse keinen negativen Gedanken zu und erfülle dich ganz mit meinem Glück. Doch dafür musst du einiges berücksichtigen: Suche mich nicht ständig woanders, denn nur ein Narr sucht das Glück am Ende des Regenbogens. Suche mich nicht ewig im Großen, denn ich verstecke mich sehr oft im Kleinen. Ich bin nicht nur im großen Wurf des Lebens anzutreffen, sondern auch in den vielen kleinen Dingen, die vielleicht gerade in diesem Moment vor dir liegen. Erfahre mich in jedem Augenblick des Lebens, denn darin liegt viel Lebenssinn verborgen. Lebe im Moment! Dein Denken in Vergangenheit und Zukunft verhindert das bewusste Erleben des Augenblicks. Ein Moment ist ewig. Er hat keine Konturen und fließt immer weiter. Wie willst du bestimmen, wann er beginnt und wann er endet? Mit ihm lebst du in der Ewigkeit des immerwährenden Seins. Das Sein verändert nur seine Form. Das Glück liegt im Hier und Jetzt. Wenn du dir dessen nicht bewusst bist, wirst du manchmal einen Glücksmoment erhaschen, der dann genauso schnell vergeht, wie er gekommen ist, und du wirst wieder nach mir suchen. Jeder Augenblick ist ein winziger Aspekt von allem, was ist. Die bewusste Anteilnahme am Schöpfungsprozess bringt ewige Momente des Glückes mit sich.

Das Leben ist das Erinnern von Wissen. Bevor die Welt erschaffen wurde, ruhte sie im Wissen Gottes, der sie zur Erfahrung machte. Wissen ist das Eine, Erfahrung ist das Mehr. Dinge für immer festhalten zu wollen, geht nicht, da der Sinn in der Erfahrung oder in der praktischen Handhabung der Dinge liegt. Erinnerungen sind jedoch unauslöschbar. Alles muss über einen Sinn verfügen. Gäbe es nach dem Leben nichts mehr, wäre jede Erfahrung sinnlos. Erfahrungen sind wichtig, um Bedürfnisse auszuleben. Im Leben hält man sich nicht immer am gleichen Ort auf. Der Mensch wechselt von einem Ort zum anderen, nimmt seine bisherigen Erfahrungen mit und begibt sich in neue Erfahrungen, da er sich immer auf die jeweilige Umgebung einzustellen versucht. Erinnerungen an frühere Erlebnisse schwächen sich allmählich ab, sofern man sie loslässt. So ähnlich verhält es sich nach dem Tode. Man streift das Leben ab und begibt sich an einen anderen Ort, in eine andere Dimension oder in einen anderen Zustand. Die Erinnerungen an Erfahrungen bleiben jedoch ewig. Sie sind immer da, auch wenn man sie bewusst nicht ständig wahrnimmt.

Viele Menschen besitzen eine falsche Vorstellung vom Glück. Glück bedeutet auch, Erfahrungen sammeln zu können, in denen das Individuum Möglichkeiten zum Ausagieren erhält. Und stell dir einmal vor, wie glücklich sich ein Mensch schätzen kann, wenn er über gute Erinnerungen verfügt. Hierzu ein schöner kleiner Spruch: Wenn gegenseitiges Aneinanderdenken in positive Erinnerungen mündet, hat sich die Vergänglichkeit der Zeit in der Unvergänglichkeit gemeinsamer Erinnerungen manifestiert."

„Kannst du mir sagen, ob Geld glücklich macht", unterbrach ich den Geist.

„Ich kann dir diese Frage nicht so beantworten, wie du dir das wahrscheinlich erhoffst", antwortete der Geist. „Mit dem Geld ist es wie mit allen euren Dingen. Es kommt immer auf die richtige Handhabung und auf das angemessene Maß an. Mit Feuer kannst du dich wärmen, aber ebenso ein Haus anzünden. Mit Geld kannst du dir und anderen Freude bereiten, aber auch Macht ausüben und andere Menschen unterdrücken. Sinnvoll angewendet schafft Geld dem Menschen ein hohes Maß an äußerer Freiheit, die er allerdings nur dann auszukosten in der Lage ist, wenn er über innere Freiheit ebenso verfügt. Ich bin das reine Glück und bedeute Freude und Freiheit. Die Fähigkeit, Freude zu empfinden, ist die gefühlsmäßige Voraussetzung, Glück überhaupt bewusst empfangen zu können. Wenn du glaubst, mich nur durch die Befriedigung deines Egos zu finden und zu erleben, wirst du in mir eine Illusion erfahren, die schnell verpufft ist. Sie war schön, aber danach kommt die Leere, und du klopfst bei der nächsten an. So höre mir nun gut zu! Das Glück umfasst deine ganze Existenz. Du hast Glück, individuell erfahren zu können. Punkt. Das ist alles. Du wirst dies sicherlich sehr bescheiden nennen, doch wenn du dir erst der ganzen Tragweite der individuellen Erfahrung bewusst geworden bist, wirst du die wahre Natur des Glücks erkennen. Bist du mit deiner jetzigen Situation nicht zufrieden, so verfügst du über genügend schöpferische Kräfte und Bewusstsein in dir, um in deinem Innern Veränderungen hervorzurufen, die sich im Außen manifestieren, wenn deine Energie, verbunden mit deinem Glauben, stark genug ist. Dann hast du das Glück, deine Welt zu erschaffen. Du bist dein Schöpfer, eingeschlossen in Gottes Gesamtheit. So entsteht die Welt.

Es ist durchaus sinnvoll, deine Fähigkeiten und dein Können in den Dienst anderer Menschen, also der Allgemeinheit, zu stellen. Wenn du dich nur um dein eigenes Ego drehst, wirst du letztendlich leer ausgehen. Du wirst die Energie der anderen Menschen vermissen, wenn du nicht in der Lage bist, anderen etwas von dir zu geben. Energie, die du brauchst, die dich beglückt, stärkt und motiviert. Deine Mitmenschen glücklich zu machen, ohne dich selbst dabei zu übersehen, ist praktisch erlebtes Glück und zeigt wahre Lebenskunst. Wenn du anderen Menschen hilfst, tust du auch dir einen guten Dienst. Gemeinsam Freude erleben ist empfangenes Glück. Und denke daran: Alles ist Eines! Das Glück hat viele Seiten und Ausdrucksformen. Dein persönliches Glück musst du dir allerdings schon selbst einfangen. Ich bin immer da, werde dir meiner nur bewusst! Jetzt ist es für mich an der Zeit, Abschied zu nehmen. Ich hoffe, du hast durch mich gelernt, dass der äußere schillernde Schein oft trügt, und dass du hinter die Dinge siehst, die so großartig glänzen. Die Dinge sind oftmals anders, als sie erscheinen, doch ruht in jeder äußeren Erscheinung das Wesen der eigentlichen Wirklichkeit. Mach's gut, mein Junge!“

„Servus, lieber Geist“, gab ich zur Antwort, und alsbald verblasste das bunte Lichterspiel und löste sich vor mir in wenigen Momenten im Nichts auf.

Der Geist der Moral

Ich war hellwach, lauschte der Stille, spürte die Dunkelheit um mich und wartete ungeduldig auf den nächsten Geist. Ich wurde nicht lange auf die Folter gespannt. Aus weiter Ferne steuerte ein neues Licht auf mich zu und machte wie gewohnt über mir Halt. Es war ein wunderschönes weißgelbliches Licht mit einer lieblichen und harmonischen Ausstrahlung. Wie die anderen Lichter vorher flackerte es leicht in sich selbst. Alle Lichter waren voller Leben gewesen, und jedes Mal hatte ich beobachten können, wie sie vibrierten, wenn sie mit mir sprachen.

„Ich bin der Geist der Moral“, sprach das Licht.

Ich erwiderte: „Ich bin schon ganz gespannt, was du mir alles zu berichten hast.“

„Ich bin erfüllt von absoluter Moral“, begann der Geist. „Ich bin das, was ihr Menschen noch gar nicht leben könnt, wonach ihr euch innerlich aber sehnt. Doch zunächst will ich dir erklären, was es eigentlich mit der irdischen Moral so alles auf sich hat: Eure Moral ist eine Bezeichnung für ein kompliziertes System von Regeln, sittlichen Normen und Werten, die das soziale Verhalten des Menschen betreffen und der Gesellschaft zugrunde liegen. Eine Norm ist das Produkt des sozialkulturellen und historischen Entwicklungsprozesses einer Gesellschaft, in dem sich ein Konsensus darüber herausgebildet hat, welche Einstellungen und Verhaltensweisen des Menschen wünschenswert sind. Ob eine bestimmte Handlung moralisch oder unmoralisch ist, wird aufgrund der Übereinstimmung oder Abweichung von diesen Vorstellungen beurteilt. Was der Norm entspricht, gilt als normal. Aber hier liegt auch eine große Gefahr, wie sich in der Geschichte der Menschheit immer wieder gezeigt hat. Normalität sagt nämlich nichts über die ethische oder mitmenschliche Qualität von Verhaltensmustern aus. Was moralisch ist, wird oft von Gruppeninteressen bestimmt und von denen genährt, die aus dem System Vorteile ziehen. Eure menschliche Moral ist daher oft unmoralisch und sogar verbrecherisch. Sie weist zu viele Widersprüche auf, und viele Werte unterliegen dem Zeitgeist. Allerdings ist es natürlich, dass sich einige moralische Bausteine dem Wandel der Zeit angleichen. Da sich Menschen weiterentwickeln und sich damit oft auch ein Sinneswandel einstellt, werden Werte immer wieder auf ihren Sinn und ihre Gültigkeit für das gesellschaftliche Zusammenleben überprüft. Hat ein Mensch oder ein Kollektiv eine bestimmte Entwicklung erfahren und ein Ziel erreicht, so wurde damit noch nicht die Vollendung des Seins erreicht, weil die Veränderungen weiter fortschreiten.

Böses entsteht erst durch die moralische Verfehlung. Doch auch hier ist große Vorsicht geboten, denn so manches Böse meint das Gute zu tun. Deswegen ist es sehr wichtig, die richtige Moral zu definieren. Doch dazu später mehr.

Es existiert auf euerer Erde nichts Böses außer dem moralisch Schlechten und nichts Gutes außer dem moralisch Guten. Die Dinge sind so, wie sie sind. Die Dinge an sich sind nicht böse; eure Entscheidung bzw. Motivation machen eine Handlung schlecht, sofern sie nicht auf dem richtigen moralischen Fundament basieren.

Eine Moral, die nicht auf Empathie und Verstehen beruht, wirkt wie eine kalte Maske, ein gefrorenes Lächeln. Diese Moral lebt nicht. Sie ist nicht echt. Empathie kann als eine Art soziales Radar angesehen werden, das nicht nur die emotionale Befindlichkeit bei anderen Menschen erfasst, sondern auch deren Probleme versteht. Doch die Wurzel der Empathie ist die Selbsterkenntnis. Wie kann ein Mensch Gefühle oder Probleme anderer Menschen verstehen, wenn er keinen gefühlsmäßigen Zugang zu sich selbst gefunden hat, also im wahrsten Sinne des

Wortes über kein Selbstbewusstsein verfügt. Moral bedeutet immer Selbsterkenntnis, egal wie sie sich ausdrückt.

Ihr Menschen habt es aufgrund eures Naturells bitter notwendig, moralische Vorschriften ins Leben zu rufen. Menschen, Gruppen und letztendlich eine Gesellschaft, die noch kein hohes Bewusstsein erreicht hat, benötigen eine derartige Orientierungshilfe. Wahres Bewusstsein geht von Höherem aus und erfährt sich, ohne zerstörerische Aktivitäten daran zu knüpfen. Aber so weit seid ihr größtenteils noch nicht. Eure Ablehnung vielem gegenüber und die daraus resultierende Verletzung und Zerstörung einzelner Menschen und Gruppen sind der sichtbare Beweis für ein falsch verstandenes Machtbewusstseins und für euer Unverständnis. Doch begründet ihr diese noch mit einer aus dem Hut gezauberten moralische Erklärung. Der Gipfel der Absurdität ist erreicht, wenn ihr euch in einem solchen Fall auf den Namen Gottes beruft."

„Ist Leidenschaft unmoralisch?", fragte ich den Geist.

„Oh nein, mein Junge", erwiderte der Geist energisch. „Leidenschaft füllt das ganze Leben aus. Leben ist Leidenschaft, denn Leidenschaft ist die Liebe zum Tun, und Tun ist die Erfahrung des Seins. Schauen wir uns nun die moralischen Grundinhalte eines menschlichen Lebens genauer an. Ein Leben muss bei seiner Selbstverwirklichung den Willen, die Freiheit, Verantwortung und Würde des anderen Menschen respektvoll und liebevoll berücksichtigen. Freiheit ist ein wichtiges Element der Moral, aber sie muss verantwortungsbewusst gelebt werden. Du siehst, dass auch hier wieder von Bewusstsein die Rede ist. Bewusstsein dem anderen gegenüber muss in der Moral viel Raum einnehmen, darf sich aber nicht zu weit räumlich ausdehnen, weil dann die Selbstentfaltung mangels Selbstbewusstsein zu sehr reduziert wird. Die Moral ist hiermit ein sehr schwieriger Balanceakt. Aber ich glaube, die Grundinhalte sind klar zu erkennen. Außerdem darf sich eine

Moral nicht selbst ideologisieren, sonst wird sie zur Unmoral. Eine Moral, die nicht auch die Schwächen von Menschen berücksichtigt, entwickelt sich zu einem Instrument der Verurteilung, das jede Menschlichkeit und jede Fehlbarkeit im Namen der Gesellschaft bestrafen möchte. Häufig hängt jedoch eure Moral so hoch, dass ihr Menschen bei der Erfüllung der Regeln aufgrund eures Ich-Gefühls eigentlich nur scheitern könnt.

Mannigfaltigkeit gepaart mit dem Ziel, im Rahmen einer Gesellschaft Selbstverwirklichung hervorzubringen, erschaffen auf der Basis der aufgezeigten moralischen Grundinhalte und einem hoch entwickelten menschlichen Bewusstsein eine Moral, die nicht knebelt und dem freiheitlichen Ursprung aller Menschen gerecht wird. Eine derartige gelebte Moral ist gut gerüstet, zur ewig gültigen Moral empor zu steigen. Es besteht nämlich eine ewige Moral, die als integraler Bestandteil einer jeden kollektiven Körperschaft von der Zeit unabhängig und keinem gesellschaftlichen Wandel unterworfen ist. Diese Moral, die ich jetzt als Wahrheit bezeichnen möchte, liegt bei Gott.

Jetzt pass gut auf: Jede nur denkbare Moral findet in der Liebe ihre höchste Vollendung. Eine echte, wahrhaftige und ewig gültige Moral mündet grundsätzlich in absolute Liebe.

Wenn euch diese Wahrheit unerreichbar erscheint, so versucht wenigstens, euer Leben in jeder Hinsicht mitmenschlich zu gestalten. Ihr müsst ja nicht von heute auf morgen alle Menschen lieben, aber begegnet ihnen mit mitmenschlichem Respekt. Im Umgang der Menschen miteinander kann es keinen besseren gemeinsamen Nenner geben als diesen, der ein Höchstmaß an Individualität in disziplinierter Form zulässt. Doch einige von euch sehen dies anders. Sie wollen ihre eigene Verantwortung abgeben und die starren Merkmale irgendeiner Ideologie über sich bestimmen lassen, damit sie nicht frei entscheiden müssen. Dies haben ja schon andere für sie getan.

Für die Konsequenzen ihres Tuns tragen sie somit scheinbar keine Verantwortung. Die Ideologie ist schuld, für die sie sich entschieden haben. Doch genau hier greift in Wirklichkeit die eigene Verantwortung bzw. Entscheidung. Bewusstheit ist hier ebenfalls gefragt. Darum merke dir:

Schenke keiner Ideologie Glauben, deren moralische Grundwerte nicht in Liebe, Freiheit und Empathie verwurzelt sind."

„Kannst du mir kurz die Gelegenheit einräumen, dir eine Frage zu stellen?", meldete ich mich zu Wort.

„Ja, sicher!"

„Wie ist das mit den zehn Geboten, die in der Bibel niedergeschrieben stehen. Sind das nicht ebenfalls Zeit unabhängige Werte, die für alle Menschen auf immer und ewig Gültigkeit besitzen?"

„Es freut mich, dass du mitdenkst", sprach der Geist zu mir. Sein Licht wurde im Innern eine Spur leuchtender und kreiste einmal über meinem Kopf, um dann wieder von seiner alten Stelle scheinbar auf mich herabzublicken.

„Schau mal! Sicherlich hast du recht. Die Bedeutung ist dir bewusst. Der tiefere Sinn meiner Botschaft der Liebe, der Freiheit und des Verstehens beruht allein darin, dass sie eine detaillierte Werteordnung wie die zehn Gebote, die du eben genannt hast, überflüssig macht, denn der Einzelne wird im freiheitlichen Umgang mit den Mitmenschen von selbst nach bestimmten Werten leben, wenn er diese übergeordneten Werte verinnerlicht hat. Ich bin nicht zu dir gekommen, um dir Vorschriften zu machen, sondern um dir eine tiefere Bedeutung der Moral zu vermitteln."

„Jetzt bin ich allerdings etwas beschämt", gab ich kleinlaut zurück. „Ich hatte offensichtlich den tieferen Sinn deiner

Botschaft noch nicht so richtig verstanden. Die Menschen benötigen also in ihrem Umgang miteinander keinerlei Vorschriften, wenn sie sich die absoluten Werte zu eigen machen, die du gerade verkündet hast."

„Oh, wunderbar", lobte der Geist. „Du hast dies aber sehr schön ausgedrückt. Du brauchst sicherlich nicht beschämt zu sein. Wie kann man denn immer alles auf Anhieb gleich verstehen? Das geht doch gar nicht. Aber jetzt – nach nur einmal Nachhaken – hast du mich und somit alles, was ich dir bisher erzählte, verstanden. Das freut mich ganz besonders!"

„Stellt die Bibel als Gesamtwerk eine absolute Moral oder Wahrheit dar?", wollte ich wissen.

„Junge, du kannst vielleicht Fragen stellen. Sie sind aber sehr klug. Meine Antwort hierzu lautet eindeutig nein", sagte der Geist energisch. „Die Bibel ist ein bedeutendes Werk, das hohe Wahrheiten enthält und ein Menschenbild aufzeigt, das auch heute noch Gültigkeit besitzt, aber sie enthält den Menschen wichtigste Informationen vor und drückt deshalb nur Teilwahrheiten aus. Und ob es moralisch ist, wenn bestimmte Menschen wichtige Informationen verschweigen – darüber urteile bitte selbst.

Im 6. Jahrhundert wurde auf dem Konzil von Konstantinopel von den Kirchenoberen beschlossen, die Erklärung der Reinkarnation aus der ursprünglichen Fassung der Bibel zu streichen, da die Menschen in der damaligen Zeit mit einer derartigen Aussage überfordert zu sein schienen. Reinkarnation bedeutet die Seelenwanderung durch mehrere Körper. Wenn sich deine Seele dazu entscheidet, erhältst du also die Möglichkeit, mehrmals als Mensch wiedergeboren zu werden. In einem Leben kannst du somit ein sogenannter Täter und im nächsten vielleicht Opfer sein. Du schleppst die Wirkungen all deiner Taten aus vergangenen Leben mit dir herum – das so genannte Karma, das dem Prinzip von Ursache und Wirkung und der damit verbundenen Resonanz unterliegt. Was du tust, fällt irgendwann mal wieder auf dich zurück. Denke dabei aber nicht in der Kategorie eines einzigen Lebens.

Vor diesem Hintergrund kommt der Gerechtigkeit eine sicherlich weiträumigere Bedeutung zu. So vielerlei erscheint ungerecht. Umfassender betrachtet – einer größeren Wahrheit untergeordnet - sind so manche Geschehnisse anders zu bewerten. Darum sage ich dir: Gehe behutsam mit der Wahrheit um. Schütze dich durch stetes Verlangen nach Information vor Manipulation. Sei neugierig und hole dir immer neue und vielseitige Informationen ein. Auf diese Weise wirst du die eine oder andere so genannte Moral als Halb- bzw. Scheinmoral oder sogar als Unmoral entlarven und dir ein größeres Bild der Wahrheit fertigen können. Deine Fragestellung zeigt mir, dass du auf dem besten Wege zu einem höheren Erkenntnisreichtum bist."

„Na ja, nur mal langsam, wir werden sehen", kommentierte ich nachdenklich.

„Sei nicht so bescheiden. Ich kenne wirklich nur wenige Menschen, die sich über alles so tiefgreifende Gedanken machen wie du", meinte der Geist wohlwollend.

„Mir fällt noch eine Frage ein. Drückt Bescheidenheit eine hohe Moral aus?"

„Das ist eine ausgesprochen gute Frage, die ich dir sehr gerne beantworten werde", freute der Geist sich, und sein Licht leuchtete noch strahlender. „Ich werde dir auch nicht vorschreiben, worin du dich bescheiden sollst, aber ich werde versuchen, in dir ein tieferes Verständnis für so etwas wie Bescheidenheit zu erwecken.

Schau einmal hinaus in die Welt. Was siehst du da? Wunderschöne Berge, riesige Wälder ohne Ende, Seen, Ozeane, eine unerschöpfliche Vielfalt der Arten. Eine Natur, die einfach gigantische Ausmaße besitzt. Und jetzt schau hinauf in den Weltraum. Du wirst Milliarden von Sternen erblicken. Jetzt sieh noch weiter. Wenn deine Augen so gut wären wie ein großes Teleskop, würdest du Abermilliarden von Galaxien entdecken, von denen jede wiederum Milliarden von Sternen beinhaltet. Unvorstellbar! Kannst du dir auch nur im Entferntesten ausmalen, wie viele Schöpfungen ein solcher Kosmos in sich birgt? Ich möchte dich fragen, ob das, worüber wir beide gerade nachgedacht haben, etwas mit Bescheidenheit zu tun hat."

Bevor ich antworten konnte, fuhr der Geist fort. „Die schöpferische Kraft Gottes ist in ihrer unendlichen Vielfalt alles andere als bescheiden. Gott ist in seiner Wirksamkeit die reinste Verschwendung – absoluter Reichtum! Das Leben ist absoluter Reichtum. Es existiert alles in Hülle und Fülle, wenn auch die örtlichen Gegebenheiten unterschiedlichste Strukturen aufweisen. Es gibt genügend Liebe, Freude und Frieden, wenn das Bewusstsein der Menschen diese Zustände zulassen oder bereit sind, sie zu empfangen. Es ist alles in unermesslichem Reichtum immer da und abrufbar. Du erwähnst die Bescheidenheit im Zusammenhang mit der Moral? Ich glaube, dass ich nicht mehr weiter mit dir darüber sprechen muss, aber der Begriff der Bescheidenheit soll dir nun an dieser Stelle noch vor einem anderen Hintergrund erläutert werden.

Kehre, so oft es dir möglich ist, in dein Inneres ein. Halte inne! Werde still! Lass jedes Denken und Tun! Sei einfach für eine Weile! Gehe ganz in dein Inneres und erblühe darin. Verlasse ab und zu die Welt der Äußerlichkeiten; denn sie ist nur ein Schein, der sich wie ein Nebelhauch im Wind verflüchtigt und dich allzu oft beirrt. Dein wirkliches Zuhause ist in dir, und du bist in Gott. Dies drückt die wahre oder höhere Bescheidenheit aus, die auf der Erkenntnis des inneren und äußeren Reichtums basiert und große Weisheit in sich trägt.

Ich möchte dir zum Schluss die Essenz meiner Botschaft noch einmal verdeutlichen. Die höchste Form der Gerechtigkeit bedeutet nicht Strafe, sondern absolutes Erkennen der Wahrheit und somit Erlösung für alles von Gott verursachte Sein. Die höchste vorstellbare Moral ist Liebe und Freiheit. Liebe ohne Freiheit stellt keine wahre Liebe dar, und Freiheit ohne Liebe wird zum Egotrip. Die Vernetzung von Liebe und Freiheit ist für das Verständnis der höchsten Moral und für das Ausrichten nach dieser unverzichtbar. Eine Ideologie, die nicht davon ausgeht, hat mit der absoluten Gerechtigkeit Gottes nichts zu tun. Dazu gehören auch einige Passagen in der Bibel, die hier nicht näher bezeichnet werden sollen.

Ich glaube, dass ich dir mit meinen Ausführungen genügend Munition zum Nachdenken geliefert habe. Ich habe bei unserem Dialog den Eindruck gewonnen, dass du meine Mitteilungen verstanden hast. Nun bin ich am Ende."

„Vielen Dank, lieber Geist, für deine umfangreichen und lehrreichen Ausführungen, die ich alle nachvollziehen konnte", antwortete ich.

„Viel Glück, lieber Junge", wünschte mir noch das Licht und verschwand langsam in der unendlichen Dunkelheit.

Der Geist der Angst

Es verging eine gewisse Zeit, in der ich mich geistig wieder sammeln konnte, um erneut ansprechbar zu sein, als aus der Ferne ein bizarr anmutendes Licht auf mich zuschwebte. Seine Konturen waren nicht stabil, sondern verschwammen an ihrem Rand in der Dunkelheit. Das Licht, das in seinem Zentrum grell glühte, war nicht nur sichtbar, sondern auch spürbar, erschien aber dennoch nicht greifbar, als es mit knappem Abstand über mir anhielt.

„Ich bin der Geist der Angst“, begann es in einem etwas unheilvollen Ton, bei dem ich deutliche Angst in mir aufsteigen spürte.

„Was willst du?“, fragte ich kleinlaut.

„Ich fühle, dass du Angst hast“, antwortete der Geist. „Das ist gut so, denn dann wird meine Illusion aufrecht erhalten. Ich bin die reine Angst, die in euch in allen Variationen zum Ausdruck kommt, denn ich verfehle meine Wirkung nie. Allerdings bin ich eben nur eine Illusion, die einen Platz im kosmischen Spiel erhalten hat. Du musst eines wissen: Alles Leben ist nur ein Spiel. Und mag das auch eine kühne Behauptung sein, so steht doch auch bei euch wissenschaftlich fest, dass sich die Dinge verändern und vergehen. Auch euer Sonnensystem wird eines Tages nicht mehr sein. Im Gegensatz zum wahren Sein, das ewig dauert, bin ich der Vergänglichkeit unterworfen, da für mich in der letztendlichen Wirklichkeit kein Raum ist. Somit ist der Rest nur ein Spiel. Ein Spiel, dessen Bedeutung die Menschen durch ihre Aufmerksamkeit und ihre emotionale Umklammerung der Dinge und Geschehnisse nähren. Es liegt im tieferen Sinn dieses Spieles, dass euer Bewusstsein dabei reduziert ist, um euch nicht die Illusion der individuellen Erfahrung zu rauben. Diese Illusion enthält in sich alle

Gegensätze. Wie du bereits schon weißt: Das Eine wird durch das Andere erst sichtbar, und du hast immer die Möglichkeit der Wahl. Tiefe Angst ist eine Reduzierung von Bewusstsein. Wäret ihr in der Lage, außerhalb eures eigenen Selbst alles wahrzunehmen, hättet ihr Allwissen. Das Spiel wäre beendet und die Existenz der Angst imaginär.

Aber so wirke ich, und meine Wurzel ist eure Angst vor dem Tod. Dies entspricht meiner archaischsten Form. Die Angst vor dem Tode ist die Mutter aller Ängste. Ihr hängt am Leben und an Dingen und habt Angst, eines Tages alles zu verlieren. Wenn ihr aber Angst davor habt, besitzt ihr bereits jetzt schon nichts. Haftet nicht allzu sehr an Dingen, seid euch bewusst, dass das Leben, wie ihr es kennt, nur von vorübergehender Natur ist. Was allein zählt, ist die Erfahrung dessen. Pass auf, denn jetzt wird es sicherlich sehr schwierig für dich.

Alle denkbaren Möglichkeiten sind im Wissen Gottes, dem All-Bewusstsein, bereits enthalten. Ihr könnt nichts Neues mehr erfinden, weil es bereits im Wissen Gottes existiert. Erfüllung findet das ewige Sein daher in der Erfahrung. Wissendes Sein wird zum erfahrenden Sein. Darin ruht der Sinn.

Ich habe dir dieses sicherlich etwas abstrakte, philosophische Bild nur aus dem Grunde geschildert, damit du annähernd begreifst, dass Angst von Nichtverstehen kommt. Angst gehört zwar zum Leben, kann aber durch richtiges Verstehen auf ein gesundes, erträgliches Maß reduziert werden.

Ich spreche hier nicht von den Ängsten, die euch vor dem Ausleben eurer kühnsten Ideen schützen und euch dadurch das Leben retten. Diese Ängste sind sehr nützlich, da sie euch Wagnisse abwägen lassen. Nein – ich rede hier über Ängste, die euch in Besitz nehmen und versklaven.

Ihre Wirkung besteht in einer fühlbaren inneren Unfreiheit und einer Bewusstseinsreduzierung. Ihr seid dann innerlich eingesperrt, obwohl ihr äußere Freiheit genießt. Ich habe so viel Macht über den Menschen, dass es für mich kein wirkliches Wagnis bedeutet, ihm die angestrebte Angstreduzierung mehr ins Bewusstsein zu bringen.

Erkenne Gott, der in dir wirkt und ruht, bewusst, begreife das Leben als Spiel, das eines Tages zu den Ursprüngen des eigentlichen Seins zurückkehren wird. Profitiere durch Selbsterfahrung, Selbstvertrauen und Selbstbewusstsein von deiner jetzigen Identität. Vertrauen ist der Schlüssel, der dir das Tor zur inneren Freiheit öffnet. Lass dieses Wort in dir zerfließen und wiederhole es noch einmal: Vertrauen. Vertrauen in den schöpferischen Prozess, der den Anschein von Chaos erweckt, in Wirklichkeit aber von einer unendlich mächtigen Kraft gesteuert und bestimmt wird. Wenn du dein Bewusstsein zu schärfen beginnst, wirst du dies zunächst spüren und später wissen. Dein Glaube hat sich in Wissen verwandelt, weil du offen warst, die eigentliche Wahrheit zu erkennen. Gestatte mir noch eine Bemerkung zum Vertrauen. Die höhere Form von Vertrauen ruht in der Erkenntnis. Stell dir vor, dass du von niemandem etwas willst und brauchst, weil du bereits alles hast. Dann benötigst du auch kein Vertrauen, weil du ja weißt, dass alles vorhanden ist, was du brauchst.

Vertrauen wurde durch Wissen ersetzt.

Du siehst, ich, der Geist der Angst, versetze dich nicht in Angst, weil ich deine Suche nach Wahrheit erkannt habe. Ich bewege nichts in dir. Ich erfülle nur die Menschen mit Angst, die mir einen geeigneten Nährboden bieten. Wenn du dennoch einmal Angst verspürst, so gebe ich dir folgenden Rat: Bekämpfe sie nicht, begrüße sie stattdessen, erkenne sie als Illusion, fühle sie und richte danach deine Aufmerksamkeit auf das, was du wirklich als Ziel vor Augen hast. Denke vor allem positiv, das heißt konstruktiv oder aufbauend. Erkenne, dass Probleme und Ängste nur das Produkt deiner eigenen Gedanken sind.

Ihr Menschen leidet unter vielen Ängsten: Angst vor Krankheit und Armut, vor Versagen und Ablehnung, aber auch unter allgemeiner Lebensangst. Angesichts eurer gesellschaftlichen Moral, die für Freizeit und Beruf Systeme aufgebaut hat und Gewinner und Verlierer hervorbringt, ist dies auch kein Wunder. Man möchte schließlich zu den Gewinnern zählen. Das schafft Druck und Ängste. Was ist das für eine Moral, die andere Menschen als Verlierer abstempelt? Jeder hat seine Stärken und Talente. Das Leben soll allen Spaß machen, aber das Ego möchte die anderen überflügeln. Eine wahrlich Angst machende Moral, die im menschlichen Ego begründet ist und sich im gesellschaftlichen und besonders im wirtschaftlichen Wertemaßstab niederschlägt. Angst entsteht somit auch durch soziale Abgrenzung. Der Gewinner hat die Macht und bestimmt die Moral entscheidend mit. In einer komplexeren Gesellschaft wird Macht sehr vernetzt ausgeübt, und viele Menschen mit unterschiedlichsten Interessen haben daran teil. Alle, die oben sind, können auch schnell durch andere ersetzt werden. Man ist in jeder Hinsicht austauschbar. Geltung vergeht. Dies verursacht ebenfalls Ängste.

All diesen Ängsten kann die positive Selbstbesinnung entgegenwirken, da sie nicht von äußerer Anerkennung abhängig ist.

Ein Schlüssel zur Angstbefreiung und Angstvorbeugung ist die gefühlsmäßige Loslösung der eigenen Identität vom Außen. Ein Mensch, der seinen Wert nur an seiner Wirkung im Außen misst, wird ins Leere fallen, wenn sich die äußeren Strukturen verändern und er nicht mehr gefragt ist. Auch Veränderungen können deshalb Ängste erzeugen. Die Gesellschaft verlangt die Fähigkeit, sich rasch zu wandeln und anzupassen. Die Ultima Ratio menschlichen Denkens darf aber nicht der Gefahr unterliegen, den Wert einer Gesellschaft nur an ihrer Produktivität zu messen. Ihr seid gesegnet mit einer reichlichen Versorgung von Gütern, die euch einen angenehmen

Lebensstandard bescheren, aber seid auf der Hut, gebt acht, was für Mittel ihr anwendet, um die von euch gesetzten Ziele zu erreichen. Eine gute und ausreichende Versorgung alleine bringt jedoch keine wahre Menschlichkeit hervor. Schafft oder bewahrt ihr eine Gesellschaft, die Ängste und eine auf Irrtümern entstandene Moral produziert, heißt es innezuhalten. Ein Rückschritt kann manchmal auch einen Fortschritt bedeuten. Nicht eine falsche Ideologie, die nur auf Äußerlichkeiten bzw. nur auf die güterbezogene Befriedigung von Wünschen setzt, ist das Maß aller Dinge, sondern der eigentliche Wert des Menschen muss im Mittelpunkt jeder Betrachtung und Entscheidung stehen: Der Mensch, der sich in seiner Einzigartigkeit angstfrei nach seinen angeborenen und ausgebildeten Begabungen in einem mitmenschlichen, sozialen Gefüge ausdrücken, erfahren und einbringen kann. In einer derartigen Konstellation werden entstehende gesellschaftliche Ängste bereits im Keim erstickt.

Du siehst also, dass Ängste viele Ursachen haben. Sie bilden sich vor allem aus gesellschaftlichen und ganz persönlichen Unstimmigkeiten heraus. Ich, die Angst, schleiche mich dabei häufig ganz aus dem Verborgenen in das menschliche Bewusstsein hinein. Fasse ich da erst mal so richtig Fuß, bin ich so versteckt, dass der einzelne Mensch mich zwar spürt, dennoch aber unfähig ist, mich zu lokalisieren. Ich beherrsche dann seine Gedanken und Verhaltensweisen, die dadurch zwanghaft werden. Angst frisst auf. Aber denke immer daran: Es sind deine Gedanken, die das Eine zulassen und das Andere ablehnen. Doch manchmal muss der Mensch durch etwas hindurchgehen, um das Licht wahrnehmen zu können, das sich hinter den Dingen verbirgt. Ich habe versucht, dir die Zusammenhänge aus einer höheren Perspektive zu erläutern, damit du dich durch deine Ängste nicht mehr in deiner persönlichen Existenz bedroht fühlst.

Mein lieber Junge, das war's nun für mich. Ich wünsche dir ein angstfreies Leben – ohne mich!"

„Vielen Dank", gab ich zurück. „Du hast mir wahrlich keine Angst bereitet, lieber Geist."

Das Licht wartete einen Moment, schien mich noch kurz anzusehen, bis es sich dann entschied, mit rasendem Tempo in die Weite des Universums abzurücken.

Der Geist der Phantasie

Ich war in meinen Gedanken hellwach. Was mag jetzt noch auf mich zukommen? Ich war neugierig und offen für alles, was mich noch erwarten konnte. Die Ruhe, die nun herrschte, nutzte ich, um meine Eindrücke zu verarbeiten.

Ich schien von Erkenntnissen und Einsichten regelrecht bombardiert zu werden, und mein wissbegieriger Geist sog sie in sich auf wie ein Schwamm das Wasser.

Nach einer kurzen Verweildauer erblickte ich das nächste Licht, das aus dem All auf mich zuschwebte.

Doch was war das? Es hatte im Gegensatz zu den anderen Lichterscheinungen keine kreisartige Gestalt, sondern eine Form, die gleichzeitig Erstaunen und maßloses Entzücken in mir auslöste, als es etwa fünf Meter über mir halt machte.

Ein Gesicht blickte mich an. Ein Gesicht, dessen geschlechtliche Identität nicht zu klären war und das so viel Freude, Erhabenheit, Lebendigkeit, Liebe und Ruhe ausdrückte, wie mir bei einem Menschen noch niemals begegnet war. Es schien absolut unglaublich. So etwas gab es doch gar nicht! Ich staunte nur noch. Zu einer anderen Reaktion war ich in diesem Augenblick nicht imstande.

Der Hintergrund des Lichtes, aus dem sich die Konturen des Gesichtes bildeten, war ein wässriger, bläulicher Farbton.

Das Gesicht selbst glänzte und schimmerte in vielerlei Farben, und an der Stelle, wo bei uns Menschen üblicherweise Haare wachsen, drehten sich lange, farbig funkelnde und um die eigene Achse schwingende Spiralen nach oben, die allmählich in der Dunkelheit verblassten.

Es sah aus, als strömte aus dem Lichthintergrund endlos Energie in das Gesicht und erweckte es zum Leben, um sich dann wieder über die spiralartigen Strahlen im Nichts zu verlieren oder aufzulösen.

Das Gesicht schaute mich an. Seine Augen besaßen eine ungeheure Leuchtkraft, die den Mittelpunkt des Lichtes ausmachte. Als sie sich langsam auf mich zu bewegten, mich direkt anblickten und mich sogar widerspiegelten, wurde ihr schimmernder Glanz noch kraftvoller, und ihr eindringliches Blau zog mich in ihren Bann. Ich spürte, dass da eine ganz besondere, mit Leben versehene Energie am Werke war.

Plötzlich bewegten sich ganz langsam, fast in Zeitlupe, die Lippen des Gesichtes, und im selben Moment formte es sich zu einem sanften Lächeln. Es war einfach märchenhaft.

Das Gesicht sprach: „Ich bin der Geist der Phantasie. Ich grüße dich ganz herzlich!"

„Äh!" entfuhr es mir. „Ich bin ganz sprachlos!" Zu mehr war ich nicht in der Lage.

Das Gesicht, bzw. der Geist, schien sich ganz langsam ein kleines Stück zur Seite zu bewegen, um mich dann wieder frontal anzuschauen. „Das macht nichts. Bewahre nur die Ruhe", meinte der Geist und lächelte mir weiter zu: „Höre mich nur an!

Ich bin das Form gewordene Resultat deiner Gedanken und deines Bewusstseins. Ich bin der sichtbar gewordene Traum aus dem Innern des Bewusstseins. Am Anfang war das Bewusstsein, der Gedanke, der Traum. Darin wurzelte die Phantasie der sichtbaren und erlebbaren Welten und Dimensionen, die sich kraft der Energie im Nichts manifestierte. Die ganze Welt entspringt der Phantasie Gottes und umfasst sämtliche denkbaren Möglichkeiten. Kein Mensch ist imstande, in Gedanken eine neue Phantasie entstehen zu lassen, denn alles wurde von Gott, dem All-Bewusstsein, schon vorausgedacht. Wir erschaffen mit unserer Phantasie und erschaffen wiederum nicht. Ich werde dir diesen Widerspruch erläutern. Du kannst nichts Neues erschaffen, da im Wissen Gottes alles, aber auch alles schon existiert. Als bewusstseinsfähiger Mensch bist du jedoch in der Lage, einen Teil dieses Wissens zu empfangen und deine Realität danach zu formen. Du ziehst also etwas in deine Erfahrungswelt, was bereits existiert. Du kannst niemals etwas erfahren, was nicht möglich ist, doch von den bereits vorhandenen Möglichkeiten erfährst du diejenigen, die du erfahren möchtest. Die Phantasie stellt erlebbare Möglichkeiten dar, derer sich die Menschen gerne bedienen und wie du sie in Filmen, Büchern, Kunst- und Bauwerken, auf Jahrmärkten und bei Artisten immer wieder bewundern kannst. Doch die Phantasie ist eine Spielerei, eine Illusion des Menschen, mit der er die Welt gestaltet und in der er sich zum Teil triebgesteuert und zum Teil vernunftbetont auslebt. Gott hat die Phantasie erfunden, um sich - oder zumindest einen Teil von sich - in der aus ihr geschaffenen, immer wieder veränderbaren Realität oder Illusion wahrzunehmen. Doch ich sage dir eines: Du wirst dir als Mensch auch in deinen kühnsten Phantasien Gottes Welten und Möglichkeiten niemals ausmalen können. Gottes Phantasien sind grenzenlos, du bist nur ein Teil davon – ein Teil der Einheit. Sobald eine Frage gelöst ist, taucht eine neue auf, bis hinter der letzten aller Fragen dann noch eine kommt: Wie entstand Gott?

Doch habe keine Furcht. Unser Bewusstsein ist immer mit dem All-Bewusstsein verbunden – früher, jetzt und für alle Zeiten. Das Bewusstsein des Menschen wurde, wie du schon weißt, absichtlich eingeengt, damit es die Illusion des Lebens nicht so schnell durchschaut, denn das würde das Ende des Spiels bedeuten. Im kosmischen Durchlauf aller Seinsmöglichkeiten wird es sich an sämtliche Wahrheiten wieder erinnern, auch an die letztgültige. Das Empfangen höherer Wahrheiten ist ein bewusstes Erinnern. Die Phantasie ist dagegen keine Wahrheit, sondern erlebbare Illusion und ließe sich damit als Wahrheit der Erfahrung bezeichnen. Ein Teil Gottes stellt immer aus der Phantasie heraus eine manifestierte, in der Außenwelt sichtbare Form dar, die spielerisch in den unterschiedlichsten Welten agiert.

Aber Gott ist noch mehr; denn ein anderer Aspekt Gottes ruht in der nicht am Erschaffungsprozess beteiligten Energie, die das gesamte Nichts ausmacht.

Die Welt ist aus dem Nichts entsprungen.

Der Schöpfungsprozess ist in einem vorhandenen Nichts entstanden. Aber Nichts gibt es nicht, denn aus einem reinen Nichts kann auch nichts entstehen. Das Nichts besteht aus einer nicht sichtbaren, nicht hörbaren, nicht fühlbaren, also nicht wahrnehmbaren Energie und ist somit nicht, denn alles, was ist, ist Energie. Das Nicht ist also nicht, da es ist. Auch Bewusstsein ist Energie, nur in einer anderen Form. Damit du dir dies alles konkret vorstellen kannst, wird deine Bewusstseinsphantasie wohl nicht ganz ausreichen. Das Ergebnis siehst du jedoch in deiner jetzigen Welt: das gewaltige Ergebnis der einzigartigen Phantasie Gottes, von dem auch du einen Teil ausdrückst."

„Jetzt taucht aber eine Frage in mir auf", unterbrach ich den Geist. „Es heißt, am Anfang war der Gedanke oder auch der Traum Gottes, durch den alles geworden ist. Aber Denken kann doch nur durch bereits vorhandenes Sein entstehen. Ist deshalb nicht die aller erste Ursache das Sein, für dessen ursprüngliche Entstehung es bisher noch keine gültige Erklärung gibt?"

„Oh!", erwiderte der Geist. „Du denkst wirklich mit und hast schon viel verstanden. Selbstverständlich hast du recht. Aus dem reinen Sein entspringen das Bewusstsein, das Denken, die Phantasie, das Tun und die Wandlung und letztendlich auch alle unabänderlichen ewigen Wahrheiten. Doch die Aussage, dass am Anfang der Gedanke war - oder wie es in eurer Bibel zu Anfang des Johannes-Evangeliums steht: Am Anfang war das Wort – ist in Bezug auf die Entstehung der sichtbaren Welten, also des Universums zu betrachten, da etwas zuerst in Gedanken geboren werden muss, bevor es auf der Realitätsebene erscheint. Aber der Gedanke entspringt grundsätzlich immer dem Sein. Dies ist wahrlich so! Du siehst, dass das bisher Gesagte durch deine Erkenntnis nicht ausgeschlossen wird, sondern eher noch eine tiefere Bedeutung erlangt. Sein wurde nie verursacht, weil Sein immer war, ist und immer sein wird. Aber Sein verursacht alles. Die Transzendenz von allem, was ist, mündet ins Ewige, ins unindividuierte Sein, das sich jederzeit wieder in Individuationen von Sein transformieren kann.

Phantasie ist eng mit der Freiheit verbunden. Die Freiheit des Denkens ist die Freiheit des Geistes. Aus seiner Phantasie bzw. seinen Imaginationen heraus werden mit Hilfe von Energie die gebildeten Gedankenstrukturen in eine äußere Form gegossen, weil Phantasien erfahren werden möchten. Was nützen Phantasien, wenn sie nicht erfahren werden können? Phantasien beflügeln die Menschen, da sie die absolute Freiheit des Geistes darstellen. In der Phantasiewelt deiner eigenen Gedanken bist du wirklich frei! Phantasien sind Liebe zur Freiheit, sofern sie nicht in ein Zwangskorsett von Gedankenmustern gesteckt werden, die den Menschen innerlich unfrei machen. Das Herz einer Phantasie ist deshalb immer aufbauender Natur. Wahre Phantasie drängt stets zu erlebbarer Verwirklichung.

Doch lass mich eines noch einmal klarstellen: Du bist nur imstande, einen verschwindend geringen Teil von Gottes Phantasien zu denken, da Gott schon alles gedacht hat. Du kannst nur einen Teil dieses Denkens durch dein Denken in deine Erfahrung holen. Dein wahres Sein bleibt dabei unveränderlich, da das Getrenntsein von Gott in 'Wirklichkeit' nie stattgefunden hat. Du kannst durch deine Einstellung verschiedene Seinszustände erleben, die dein wahres Sein, das eins ist mit Gott und deshalb ewig in Gott ruht, niemals berühren, geschweige denn verändern.

Ein Mensch kann mit seinen Phantasien nur das erschaffen und somit in seine Erfahrung holen, was Gott bereits ‚phantasiert' und letztendlich erschaffen hat. Das Selbst, das du in deinen Erfahrungen spürst, ist die Illusion. Dein wahres Selbst besteht in unsichtbarer Energie, die in dir und außerhalb von dir existiert. Das Wahre existiert im Unsichtbaren und ist für eure Sinne nicht wahrnehmbar. Dennoch seid ihr in bestimmten Momenten des Lebens imstande, einen Hauch der Ewigkeit zu erahnen, die sich in eurer Sehnsucht nach absoluter Zugehörigkeit ausdrückt. Sehnsucht ist daher der Pfad, der aus dem Sichtbaren ins Unsichtbare wechselt, in einen absoluten Zustand, dessen Ausmaß Worte niemals beschreiben können. Wahre Sehnsucht ist deshalb immer die Suche nach mehr, aber niemals nach mehr Illusion. Hast du die Phantasie, mein lieber Junge, mit irdischen Worten einen absoluten Seinszustand zu beschreiben? Phantasiere ruhig ein wenig!"

„Ich werde es versuchen", bejahte ich. „Mir wird sicherlich einiges dazu einfallen. Wenn ich an einen absoluten Zustand des Seins denke, fallen mir Begriffe wie Liebe, Freude, Ruhe, Friede, Sattheit und Vollendung ein!"

„Das ist schon mal nicht schlecht", meinte der Geist. „Und jetzt hast du die Wahl. Es darf nur noch ein Begriff übrig bleiben. Welchen wählst du? Überlege genau!"

„Dies ist nicht einfach", antwortete ich, „da alles zusammengehört. Aber letztendlich würde ich mich für die Vollendung entscheiden, weil in der Vollendung alles bereits erfahren und somit Eins ist!"

Der Geist sagte: „Dies stellt einen interessanten Aspekt dar. Doch jetzt pass gut auf! Höre zu!

Du lebst bereits in der Vollendung. Es ist bereits alles vollendet. Dein Problem ist nur, dass du dies nicht weißt. Könntest du dich daran erinnern, wüsstest du es. Denke daran: Du machst die Erfahrung von Illusion, von gedachten Phantasien. In Wirklichkeit ist bereits alles vollendet. Gott entwickelt sich nicht, er ist entwickelt und vollendet. Gott ist Gott, und du bist du, und du bist ein Teil von Gott, also bist auch du in Wirklichkeit bereits vollendet. Du versuchst in diesem Leben etwas zu sein, was du in der wahren Realität nicht bist. In Wirklichkeit gibt es nichts zu erreichen oder irgend etwas sein zu wollen, da die Vollendung schon immer erreicht war, ist und auch bleiben wird. Zu ihr kommt nichts hinzu, und sie wird sich ebenso nie reduzieren lassen. Die erfahrbaren Möglichkeiten der erschaffenen Realitäten, also die Unwirklichkeiten, sind alle bereits in einem unvorstellbaren Volumen vorhanden. Sie grenzen alle an die Unendlichkeit, erreichen sie jedoch nicht ganz und drücken folglich eine endliche Unendlichkeit aus.

Die Erfahrbarkeiten dieser Möglichkeiten, die an der Unendlichkeit sozusagen anklopfen, können durch das Vergessen des Bewusstseins unendlich erfahren werden. Hier sprechen wir über die unendliche Endlichkeit. Endliche Möglichkeiten, die fast die Unendlichkeit berühren, können unendlich erfahren werden. Von Gott gibt es sozusagen nichts Neues mehr, aber das, was ist, ist von einem schier unvorstellbaren Volumen und grenzenlos erfahrbar. Das Leben ist somit die Wiederkehr ins ewig Gleiche - ein Prozess des Wiedererschaffens.

Das Leben ist kein Lernprozess, sondern ein Lernen, sich an das zu erinnern, was immer war, ist und sein wird. Ein ständig währender Zyklus, in dem ein Teil Gottes sich immer in den Erfahrbarkeiten des kosmischen Rades befindet und der andere Teil Gottes im nicht erschaffenen Prozess ruht und beide Teile einander bis in alle Unendlichkeit immer wieder austauschen. Jedes Sein wird sich wieder als vollendet erkennen, und jedes vollendete Sein wird sich wieder als scheinbar nicht vollendet erkennen. Dies alles ist natürlich grob vereinfacht ausgedrückt, aber es trifft den eigentlichen Punkt allen Seins.

Jede Seele wird wieder zu ihrer eigentlichen Urquelle zurückkehren - ins sogenannte Nichts. Aber auch hier existieren Schwingung, Bewegung und Bewusstsein - absolutes Bewusstsein. Es ist nicht erschaffendes Sein.

Dann gibt es noch das Nichts, in dem die vorhandene Energie so fein ist, dass sich der Geist, der in ihr schwingt, seiner selbst nicht mehr bewusst ist. Dieser Zustand drückt den schlafenden Gott aus, der nicht mehr weiß, dass er ist, und der dennoch ist - immer und fortwährend. Nach unendlich langer Zeit möchte die Seele jedoch eines Tages wieder als Teil Gottes in den kosmischen Erschaffungsprozess eintauchen und wird dann ihre wahre Identität abermals vergessen, indem sie sich aus dem großen Ozean heraus wieder als kleiner Fluss individualisiert.

Aber bedenke: In Wirklichkeit gibt es nur ein Bewusstsein bzw. nur eine Seele. Der fortwährende Erkennungsprozess Gottes erfordert jedoch immer das Vorhandensein von etwas, was scheinbar anders als Gott ist und was dennoch Gott ist. Du siehst hier am deutlichsten, wie echt wirkende Widersprüche absolut gesehen gar keine sind, weil Gott letztlich a l l e s in sich vereint. In eurem Leben müsst ihr mit Paradoxen, Widersprüchen und Dualitäten umgehen. Doch jetzt weißt du für immer und ewig: Es hat zu allem niemals ein wirklicher Widerspruch existiert, denn
e s g i b t n u r E i n e n - G O T T !!

Jetzt verstehst du vielleicht besser, warum ein Weiser nichts mehr benötigt, warum er nach nichts mehr schielt. Er weiß ganz einfach, dass er letztlich alles hat. Ein Weiser lebt somit immer im Ist-Zustand und nimmt das an, was gerade kommt. Der Eintritt in den Ist-Zustand ist wahre Weisheit. Dies drückt wahre Erleuchtung aus, die nie mehr gegen irgendetwas ankämpfen muss. Vor diesem Hintergrund verstehst du die Aussagen des Geistes der Weisheit sicherlich bedeutend besser. Jeder Wunsch ist von Gott bereits erfüllt. Darum sagt Jesus: „Noch bevor ihr bittet, ist euch schon gegeben worden."

„Puh! Das ist ja unglaublich - unfassbar", konnte ich nur noch seufzen, und meine Augen blickten tief in die funkelnden, glänzenden, blauen Augen des Geistes, der meine Aufregung zu verstehen schien. Während er mit mir sprach, bewegte sich sein ganzes Gesicht, und es fiel mir schwer, seinen für mich so schwierigen Ausführungen zu folgen.

„Ja! Tiefe Wahrheiten drücken immer etwas Unfassbares aus. Aber lass uns weiter gehen."

„Stopp! Warte bitte einen kleinen Augenblick. Ich möchte dir noch gerne eine Frage stellen", unterbrach ich den Geist. „Kannst du mir die sogenannte Ewigkeit etwas genauer erklären, wenn wir gerade beim Unerklärlichen sind?"

„Dies ist aber sehr schwierig", äußerte der Geist nachdenklich, und sein Gesicht schien sich im selben Moment etwas aufzublähen, als hätte er einen tiefen Atemzug gemacht. „Also weißt du", begann er vorsichtig, „die Ewigkeit ist keine Zeit. Sie ist die Nicht-Zeit. Sie ist nicht einfach viel Zeit, denn dann hätte sie trotzdem einen Anfang und ein Ende. Die Ewigkeit kannst du nicht einfach in viele Zeiteinheiten und noch mehr Zeiteinheiten dehnen, weil sie letztlich ganz einfach den ewigen Moment des Jetzt darstellt. Es existiert nichts anderes als das Jetzt. Die eigentliche und grundlegende Wirklichkeit im Jetzt wird vom Bewusstsein bzw. vom Geist gebildet, der das ganzheitlich regulierende Prinzip im Kosmos darstellt und demnach die Ordnung im Chaos der Einzelgeschehnisse garantiert. Wie du ja mittlerweile weißt, ist alles miteinander verbunden, nichts existiert losgelöst vom anderen. Alles ist eine ganzheitliche Einheit. Doch zurück zur Ewigkeit. Eine Ewigkeit gibt es doch schon seit Ewigkeit. Nicht wahr?"

Der Geist machte eine kurze Pause. Dann fuhr er fort.

„Die Ewigkeit währt also schon unendlich lange. Sie hat nicht erst vor kurzem begonnen. Folglich hat sich alles schon entwickelt. Alles ist bereits verwirklicht und somit auch erfahren. Wie vorhin erwähnt, gibt es bei Gott nichts Neues mehr. Das Leben drückt somit einen Wechsel des Bewusstseins von einer Gleichzeitigkeit in die andere Gleichzeitigkeit aus. Alles spielt im Jetzt, in der Nicht-Zeit, also in der Ewigkeit. Ich weiß, dass dies für dich und für jeden Menschen sehr schwer zu verstehen ist, aber schauen wir nun weiter:

Was für Elemente müssten denn im irdischen Leben eure Gedanken, von denen alles ausgeht, ausfüllen, damit das Leben an sich der Vollendung ein Stück näher rückt? Ich spekuliere im Augenblick auf den Erhalt der Illusion, an der das menschliche Ego so sehr hängt. Ich plädiere für eine scheinbar vollendetere Illusion, in der die Menschen weniger leiden müssen, denn der Sinn der Illusion – du hast dies schon gehört – erfährt sich im Erleben oder in der Erfahrung. Um dieses Erleben geht es jetzt.

Dieses Erleben, also die Illusion, wird in der Vergänglichkeit wieder vergehen, hat auf ewig keinen Bestand und ist somit nicht auf ein festes Fundament gebaut.

Aber im Moment lebt ein Teil des Bewusstseins in der Illusion und nimmt sie wahr. Lassen wir die Überwindung der Illusion und den Eintritt in die wahre Wirklichkeit im Augenblick ruhen.

Jetzt widmen wir uns ganz dem Leben auf Erden. Wie kann dieses Erleben menschenwürdiger gestaltet werden? Bist du bereit für eine kleine Reise?"

„Mmh", entkam es mir etwas zögerlich. „Ich weiß nicht so recht. Wohin soll's denn gehen?"

„Nur keine Angst", beruhigte mich der Geist. „Lass dich ganz einfach überraschen. Dir wird nichts geschehen. Du wirst wieder putzmunter hierher zurückkehren. Dafür werde ich schon sorgen.“

„Also gut, dann los“, antwortete ich noch etwas ängstlich.

Die beiden Alten

Nun rückte der Geist - oder besser gesagt das Gesicht - immer näher an mich heran und öffnete dabei seinen Mund unendlich weit, bis er mir so nahe war, dass ich in einen unendlich tiefen Schlund blickte, der mich kurzerhand verschluckte.

Wo war ich? Ich befand mich mitten im Licht. Oder nicht? Ich sah nur noch Licht, das alles ausfüllte und das es mir unmöglich machte, irgendwelche Konturen wahrzunehmen.

Mir war ganz komisch zumute. Was sollte ich davon halten?

Nach einer Weile wurde das Licht, in dem ich mich befand, schwächer und vernebelte sich allmählich.

Vor dem immer schwächer werdenden Nebelhintergrund zeichneten sich langsam die Umrisse einer dunklen Landschaft ab. Das helle Licht verflüchtigte sich in Form von zarten, durchsichtigen Nebelschwaden in sämtliche Richtungen.

Wo war ich jetzt?

Ich drehte mich nach allen Seiten um. Ein Wald von ungeheurer Höhe und Dichte bot sich meinen Augen. Es war nun ziemlich dunkel, da alles Licht, das mich hierher gebracht hatte, verschwunden war. Doch weit vorne, am Ende des schmalen Waldweges, auf dem ich mich befand, musste eine Lichtung sein, denn von dorther kam ein heller Schimmer in den dunklen, unheimlichen Wald. Instinktiv begann ich, mich darauf zuzubewegen. Es dauerte ein paar Minuten, bis ich aus dem Wald heraustrat und meine Augen eine traumhafte, märchenhafte Landschaft erblickten.

Ein Stück weiter vorn erhob sich ein kleiner Berg, an dem sich ein schmaler Pfad nach oben schlängelte.

Auf dem Gipfel - es verschlug mir fast die Sprache - stand ein prächtiges Schloss mit zehn Türmchen in unterschiedlichen Höhen, deren Dächer verschiedene Farben hatten. Die Grundmauern des Schlosses wurden von schweren Natursteinen gebildet, der Rest des Schlosses war schneeweiß verputzt. Kunstvoll verzierte Fenster waren in die helle Fassade eingelassen.

Mein Blick schweifte weiter. Etwas unterhalb stand zwischen uralten majestätischen Bäumen eine geräumige, idyllisch wirkende Hütte.

Der Weg, der mich aus dem Wald führte, folgte direkt dorthin, um sich dann nach oben in Richtung Schloss fortzusetzen. Weiter unten befand sich ein kleines Dorf. Es war durch einen Weg zu erreichen, der an der Hütte abzweigte. Die ganze Gegend war von herrlichen, duftenden Blumenwiesen geschmückt.

Ich schlenderte in Richtung Hütte. Sie musste bewohnt sein, denn schon von weitem hörte ich herzerfrischendes Lachen.

Offenbar hatte man mich schon entdeckt, denn als ich näher kam, öffnete sich die Eingangstür, und eine alte Frau und ein ebenso betagter Mann traten heraus und winkten mir zu.

„Hallo, junger Mann“, erklang die freundliche Stimme der Frau. „Willst du bei uns Rast einlegen?“

Ich war inzwischen an der Hütte angelangt, und noch bevor ich antworten konnte, nahm sie mich am Arm und zog mich in das Innere der Hütte. Es roch nach frisch gebackenem Kuchen und gerade aufgebrühtem Kaffee.

Das Innere der Hütte war bezaubernd. Den Mittelpunkt des Wohnraums bildete eine kuschelige Sofaecke, die auf einem rötlichen Webteppich platziert war. Die Decke war mit edlem Holz getäfelt. Golden gerahmte Erinnerungsfotos aus längst vergangenen Zeiten zierten die Wände; die Ecken des Zimmers waren mit seltenen Antiquitäten gefüllt. Rote Samtvorhänge schmückten die Fenster. Wer hätte gedacht, dass die von außen eher bescheiden wirkende Hütte so behaglich und elegant eingerichtet war?

„So! Setz dich hin, mein Junge“, wurde ich von der Frau aus meinen Beobachtungen geweckt. „Wir bringen dir gleich etwas von dem leckeren Kuchen, den ich gerade eben aus dem Backofen geholt habe.“

Der alte Mann nickte mir wohlwollend zu und deutete aufs Sofa.

„Wir haben dich bereits erwartet“, erklärte er und ließ sich genüsslich aufs Sofa fallen. Er hob seine buschigen Augenbrauen und lächelte mich dabei geheimnisvoll an.

„Erwartet?“, fragte ich erstaunt. „Wie darf ich das verstehen?“

Noch bevor ich eine akzeptable Antwort auf meine Frage erhalten konnte, kam die alte Frau mit dem Kuchen ins Zimmer und begann, den Tisch zu decken. Als sie fertig war, setzte sie sich zu uns. Sie lächelte mich an. „Bediene dich nur, Junge! Lass es dir schmecken.“

Die beiden Alten saßen nun nebeneinander. Ihre Lebendigkeit und die ruhige Ausstrahlung, die gleichzeitig von beiden ausging, beeindruckten mich sehr. Güte, Freundlichkeit und Lebensfreude stand ihnen ins Gesicht geschrieben. Ihre Augen hatten den Glanz ewiger Jugend. Als wir nun miteinander ins Gespräch kamen, erfuhr ich, dass beide schon über 80 Jahre alt waren.

„Weißt du“, begann der Mann und schob sich dabei ein Stück Kuchen in den Mund, der ihm sichtlich zu schmecken schien.

„Wir beide hatten im Leben trotz vielerlei Turbulenzen unsere festen Lebensprinzipien und waren trotzdem immer flexibel, was den Fluss des Lebens angeht.“

Er warf seiner Frau einen liebevollen Blick zu und fuhr fort. „Wir haben immer versucht, mit dem Herzen zu denken. Der Verstand ist größtenteils kaltes Wissen und Berechnung, aber dein fühlendes Herz ist die Voraussetzung für gelebtes, erfahrenes Wissen. Dein Gefühl ist unendlich stärker als jeder Verstand. Trotzdem möchten wir den Verstand nicht klein reden. Er half uns, das eine vom anderen zu trennen und zu unterscheiden sowie schwierige Situationen emotionsfrei zu analysieren. Doch auch der Verstand existiert niemals gänzlich ohne Gefühl.“

Der alte Mann machte eine kurze Pause, schien zu überlegen und schaute mich dann eindringlich und prüfend an. In diesem Moment schob mir seine Frau ein zweites Stück von dem Kuchen auf meinen Teller. Eine prachtvolle Vase, die auf dem gedeckten Tisch stand und schon sehr alt sein musste, zog kurz meine Aufmerksamkeit auf sich. Im selben Augenblick begann der alte Mann weiter zu erzählen.

„Wir haben es bis heute unterlassen, uns an etwas festzuklammern. Die verschiedenen Dinge im Leben verfügen an sich über keinen Wert. Sie sind weder wertvoll noch wertlos. Sie sind einfach. Eine Bedeutung erhalten sie erst durch die individuelle oder kollektive emotionale und manchmal auch intellektuelle Bewertung. Kollektive Einigkeit bei der Bewertung einer Sache oder Angelegenheit bedeutet jedoch noch lange nicht Wahrheit. Wahr ist nicht, was du zu sehen glaubst, denn dies ist nur der äußere Schein. Wahrheit schlummert stets im Verborgenen und beinhaltet den Seinsgrund der Dinge. Wahrheit ist immer die Frage nach dem Warum und kann grundsätzlich nur durch den Blick hinter die Kulissen beantwortet werden. Das Schauspiel auf der Bühne unterliegt den unterschiedlichen emotionalen Bewertungen und drückt subjektive Wahrheiten aus. Die absolute Wahrheit kommt erst in der Erkenntnis dessen zum Vorschein, was hinter den Dingen steckt.

Wir haben außerdem immer versucht, unser Leben nach den Prinzipien der Freude auszurichten. Die Prinzipien wahrer Lebensfreude verknüpfen sich mit den Kennzeichen menschlicher Reife zu einer Einheit, sofern sie auf einem festen innerlichen Fundament stehen und nicht von äußeren Reizen immer wieder erschüttert und in Frage gestellt werden. Dieses Fundament kann nicht das verletzliche menschliche Egos sein, sondern nur wahre Liebe.

Lebensfreude ist ein schöpferischer gefühlsmäßiger Akt, der dem jeweiligen Lebensmoment entspringt und den der Mensch unabhängig von seinem persönlichen Reifegrad spüren kann. Lebensreife beinhaltet immer Lebensfreude, während Lebensfreude nicht automatisch an Lebensreife gekoppelt ist. Wahre Lebensfreude entsteht niemals aus destruktivem Handeln oder Schadenfreude, sondern nur aus aufbauendem Denken und Tun, aus der Einsicht in die Einheit von allem, was ist.

Die erhabenste Form reifer Lebensfreude setzt Unabhängigkeit von den eigenen Wünschen voraus. Sie ist nicht auf äußere Faktoren angewiesen und erblüht allein aus dem Inneren. In ihr vollendet sich ein menschlicher Reifungsprozess.

Höchste Reife bedeutet die Erfahrung eines gewünschten Seinszustandes, auch wenn die Erwartungen nicht erfüllt wurden, die ein Mensch in der Außenwelt sucht.

Warum kann man sich nicht einfach so fühlen, wie man sich gern fühlen möchte? Muss sich das erwünschte Gefühl von äußeren Gegebenheiten abhängig machen?

Wir beide meinen dazu eindeutig nein.

Wahres Fühlen entspringt der inneren Freiheit, und diese Freiheit existiert im Nicht-Vertrauen-Müssen, in der Erwartungslosigkeit, im Nicht-haben-Müssen.

Sie lebt im Wissen, dass alles bereits da ist und nichts fehlt.

Gott hat schon alles gerichtet. Wir erleben im Moment nur Aspekte dessen, was bereits ist. Allein das Wissen um diese Tatsache macht frei.

Wir können uns frei für einen Seinszustand entscheiden. Die Intuition, deren Grundzüge du bereits vom Geist der Einsicht erfahren hast, hilft uns dabei, unser Fühlen in die richtigen Bahnen zu lenken. Es ist immer alles da, was benötigt wird.

Darum kehre ein zu dir selbst. Kehre heim!

Nun möchten wir dir unsere Prinzipien der wahren Lebensfreude gerne etwas praktischer erläutern.

Wir waren in jedem Lebensmoment dankbar für das, was wir selbst waren und hatten. Vergleiche mit anderen gab es für uns nie, da es immer Menschen gibt, die mehr haben oder erfolgreicher sind.

Wir waren stets unser eigener Maßstab. Diese Erkenntnis erfüllte uns immer mit großer Dankbarkeit.

Ein weiterer Eckpunkt unserer Lebensfreude war, der eigenen Verantwortung gerecht zu werden, die aus dem Willen spricht.

Wir haben es vermieden, anderen etwas in die Schuhe zu schieben, weil wir stets unsere Möglichkeit sahen, selbst zu entscheiden. Entwicklungen werden auch mit kleinen, alltäglichen Entscheidungen in Bewegung gesetzt.

Wahre Verantwortung für die eigene Person zu übernehmen, bedeutet in erster Linie, die eigenen psychischen, geistigen und körperlichen Bedürfnisse zu erkennen. Erst wenn du Verantwortung für dich selbst trägst, kannst du auch außerhalb deiner selbst Verantwortung übernehmen. Übertreibe deine Aktivitäten im Außen trotzdem nicht, denn vermeintlicher äußerer Sinn entlarvt sich häufig als innere Leere oder Sinnlosigkeit.

Wie heißt es bei Nachrufen doch oft so schön: In der Blüte seines Lebens, Schaffens, Wirkens und seiner hohen Verantwortung ist er dahingeschieden!

Darum lehne jede Verantwortung ab, die deiner Verantwortung dir selbst gegenüber nicht gerecht wird.

Auch durch Vergebung können wir Freude erlangen, denn hie und da werden wir von anderen Menschen schlecht oder ungerecht behandelt werden.

Du ertappst dich so manches Mal dabei, die falsche Entscheidung getroffen zu haben. Wenn du dann dir selbst und anderen vergeben kannst, wird die Lebensfreude in dir nicht blockiert und erfährt eine Freiheit, die dir Frohsinn bringt. Wir haben immer vergeben und genossen dadurch die Schönheit des Augenblicks. Und Entscheidungen, die getroffen werden mussten, wurden nicht durch negative Gedankenstrukturen in eine falsche Richtung gezerrt.

Ein weiterer Eckpfeiler ist für uns das Dienen, das uns viel Freude im Leben beschert hat: Wenn du anderen Menschen dabei helfen kannst, die eigene Verantwortung wahrzunehmen, dann dienst du ihnen auf vollkommene Art und Weise. Du darfst und sollst anderen nicht ihr ‚Päckchen' abnehmen, aber kannst ihnen beim Tragen helfen.

Dienen bedeutet nicht, die Verantwortung für den anderen zu übernehmen, sondern ihm in seiner Verantwortung beizustehen. Und genau da, mein Junge", der Alte unterbrach seine Ausführungen für einen kurzen Moment, erhob fast drohend den Zeigefinger und runzelte dabei die Stirn, „setzt unsere Lebensmoral an. Den Wert des Menschen in seinem persönlichen Leben zu erhöhen, ist die Quintessenz unserer Lebensmoral. Alle Menschen, mit denen wir je zu tun hatten, und die wir ein Stück auf ihrem Lebensweg begleiten durften, erfreuten sich selbst dann unserer Hochachtung, wenn uns ihre

Verhaltensmuster fremd erschienen und mit den unseren nicht im Einklang standen. Unser Verständnis ging immer über das hinaus, was wir selbst zu leben bereit waren. Versuchte man, uns zu verletzen, dann haben wir verziehen, denn wir wissen, dass jeder Mensch an den eigenen Maßstäben gemessen im Recht ist. Ausnahmen bestätigen natürlich auch diese Regel."

Der alte Mann legte erneut eine kurze Pause ein, zündete sich genüsslich eine dicke Zigarre an, deren milder, angenehmer Geruch sich bald im ganzen Zimmer verteilte, und blickte entspannt dem aufsteigenden Rauch nach.

„Ich weiß eigentlich gar nicht, wo ich hier bin", getraute ich mich zu äußern. „Können Sie mir dazu etwas sagen?"

„Oh!", schaltete sich jetzt die Frau ins Gespräch ein. „Ist das für dich so wichtig? Du bist an einem Ort, der dir zugefallen ist. Das ist alles. Mein Mann und ich haben mittlerweile gelernt, das anzunehmen, was Gott uns als Bühne des Lebens zugedacht hat. Auf dieser Bühne agieren wir mit unserem individuellen Willen, was im höheren Sinne Gottes Ausagieren darstellt. Aber", die Frau zwinkerte mir zu und lächelte, „das weißt du ja alles schon. Etwas annehmen und in der persönlichen Verantwortung bleiben - das ist eines der Geheimnisse der Zufriedenheit.

Jetzt verraten wir dir noch ein Geheimnis, das vielen Menschen unerreichbar zu sein scheint. Wir haben nie versucht, den Gefühlszustand, den man als Glück bezeichnet, durch ein nach außen gerichtetes Handeln zu erzeugen sondern haben immer aus einem gewollten Gefühlszustand heraus gehandelt. Das ist ein großer Unterschied. Verstehst du? Möchtest du Liebe, Zufriedenheit und Glück, dann spüre sie in deinem innersten Sein, verbunden mit Gott. Fühle den Überfluss in dir und handle aus diesem Seinszustand. Will nicht etwas, sondern sei das Gewollte. Sei bewusst dein gewolltes Sein.

Alles, was wir jemals taten, taten wir aus Liebe. Wir versuchten immer, Liebe zu sein. Wir spürten ganz einfach Liebe in uns und handelten aus diesem Zustand heraus. Wahre Liebe agiert aus innerem Überfluss und erwartet nichts. Sie ist in ihrem eigenen Selbstverständnis selbstlos. Liebe ist unabhängig von äußerlichen Bedingungen und freut sich am Augenblick, wie er sich offenbart.

Die meisten Menschen wollen immer etwas vom Leben, da sie ja schließlich auch einiges investieren. Sie geben etwas, folglich muss für sie auch etwas herausspringen. Wenn sich das erwartete Ergebnis nicht einstellt, herrschen Enttäuschung, Trübsal, Eifersucht. Negative Gedankenstrukturen breiten sich im Innern des Menschen aus, lähmen und zerstören die Psyche, führen zu körperlichen Störungen und zu destruktivem Denken und Handeln gegenüber anderen Menschen. Deswegen kannst du nur Frieden und Liebe empfinden, wenn du dein Selbst ins Leben einbringst und ohne Erwartungen bist. Versuche nicht, aus allem etwas für dich herausholen, sondern sei bestrebt, einen Teil von dir in den Lebensprozess einzubringen. Was für eine veränderte Lebenseinstellung! Plötzlich willst DU das Leben bereichern, das aus dir spricht. Merkst du den Unterschied?

In dieser inneren Fülle und geistigen Klarheit werden sich die dunklen Wolken der Enttäuschung in Wohlgefallen auflösen, noch bevor sie richtig entstanden sind. Versuche dem Leben aus dir selbst heraus einen Impuls zu geben, und du wirst erleben, dass letztendlich alles wieder zu dir zurückfließt. Du wirst von nun an immer erfüllt sein!“

„Das ist wirklich sehr beeindruckend! Es bedeutet eine vollständige Veränderung der individuellen Wahrnehmung bzw. Perspektive. Ein solches geistiges Fundament lässt neues Fühlen, Denken und Handeln entstehen, bei dem ich selbst und meine Umwelt davon profitieren“, meinte ich voller Stolz auf mein Verständnis.

„Du hast das Ganze perfekt verstanden, wie ich feststellen muss. Und noch ein Rat: Fühle dich in deinem Innern nie so, wie andere Leute deine Person sehen. Fühle dich auch nicht so, wie du selber glaubst zu sein, also wie du über dich denkst, sondern fühle dich möglichst so, wie du selbst gerne sein möchtest. Handle danach, und dein Fühlen wird sich bestätigen. Dann wirst du wirklich so sein, wie du dich in deiner Vorstellung bereits erlebt hast."

Das alles musste von mir erst einmal verdaut werden.

Die alte Frau stand auf, kochte mir, ohne mich vorher zu fragen, eine heiße Schokolade und meinte, als sie mir lächelnd die Tasse hinstellte: „Das wird dir bestimmt gut tun."

„Kennst du die Redensart: Sei doch nicht so kindisch", frage sie mich urplötzlich.

„Ja, sicherlich!"

„Wir beide", und dabei stupste sie ihren Mann leicht an, „haben diese Redensart geändert. Wir sagen zu vielen Menschen, sei doch nicht so erwachsen, weil wir der Auffassung sind, dass viele Menschen das Leben mit viel zu viel Ernst und Verbissenheit angehen. Wir erhalten vom Dorf oft von Kindern Besuch. Sie kommen gerne zu uns, und wir freuen uns jedes Mal riesig. Spaß, Ulk, Neugierde und Offenheit schätzen wir beide auch heute noch. Diese positiven Elemente, die festgefahrene Wahrnehmungen verändern können, versuchen wir immer, in unser Leben zu integrieren."

Mein Blick schweifte zum Fenster hinaus, und ich bemerkte, dass es draußen ganz allmählich zu dämmern anfing.

Der alte Mann stand auf und kramte aus einer Schublade zwei Kerzen hervor, die er auf den Tisch stellte und anzündete. Danach ließ er sich wieder bequem aufs Sofa fallen. Die alte Frau fuhr fort:

„Was viele Menschen unzufrieden macht, ist der Mangel an echter Zugehörigkeit. Zugehörigkeit zu sich selbst, zu anderen Menschen, zur Umwelt, zu Gott, kurz zu allem, was ist! Sie zu erreichen, stellt für viele ein großes Problem dar, und entsprechende Bemühungen enden oft in ruhelosen Aktivitäten, die eine Leere im Menschen hinterlassen, anstatt sie zu füllen. Um Zugehörigkeit zu erfahren, musst du offen sein, darfst dich selbst nicht auf einen Sockel stellen und musst empfangen können, sensibel und bewusst erspüren, was sich in dir und außerhalb von dir tut, also Schwingungsfrequenzen aufbauen.

So manche Unzufriedenheit entsteht auch durch ein zuviel an ‚Müssen'. Hast du schon einmal Menschen jammern hören, dass sie dieses und jenes müssen und keine Zeit zur Muße haben? Sie scheinen durch ihre Aktivitäten permanent unter Stress gesetzt zu sein. Bevor du dich selbst unbewusst genauso belügst: Jedem Müssen geht ein Wollen voraus. Müssen musst du gar nichts! Wenn du dir die ganze Sache etwas genauer unter der Lupe anschaust, wirst du feststellen, dass der Mensch immer etwas will und folglich auch etwas dafür tun muss. Streng genommen bedeutet dies die Nichtexistenz von Müssen, wenn man bereit ist, auch die Konsequenzen dafür zu tragen. Wenn sich ein Mensch darüber beschwert, dass er jeden Tag arbeiten muss, arbeitet er nur, weil er Geld verdienen will und nicht bereit ist, sich mit dem Wenigen zu bescheiden, das ihm ein Teilzeitjob bietet. Häufig haben wir zu hohe Erwartungen an uns selbst und an das Leben, und genau das führt zu einem Zuviel an Müssen.

Ansprüche nähren ebenso das Müssen. Der negative Stress beginnt, aber der Einzelne ist sein Urheber. Daher begrenze immer dein Wollen auf ein für dich erträgliches Maß, so dass das daraus resultierende Müssen für dich keine Last bedeutet. Dann siehst du dein scheinbares Müssen nicht als Muss, sondern willst dein Müssen bewusst."

An dieser Stelle unterbrach ich die Frau: „Das Resultat all dessen, was Sie mir so gastfreundlich anvertrauten, erkenne ich an Ihnen beiden. Sie verkörpern wahre Lebensfreude und Lebensreife."

„Nun lass mal gut sein", hakte der alte Mann ein. „Wir haben auch unsere Macken, aber wir sind erfüllt und zufrieden."

„Jetzt habe ich noch eine Frage."

„Ja!?"

„Dort oben auf dem Berg steht ein prächtiges Schloss. Ist es denn bewohnt?"

„Ach ja!", antwortete der alte Mann nachdenklich.

Ich beobachtete dabei eine gewisse Traurigkeit in seinen Augen.

„Das ist keine freudige Geschichte. Oben im Schloss wohnt ein uralter Zauberer."

„Ein Zauberer?"

„Ja, du hast richtig gehört. Ein Zauberer, der ganz allein, einsam und verbittert dort oben haust. Er lässt niemanden mehr zu sich und ist ein armer Eigenbrötler. Wir wollten ihn schon oft zu uns einladen, aber er ist nur einmal gekommen und dann schnell wieder gegangen. Er scheint mit der Welt abgeschlossen zu haben. Die Leute im Dorf mögen ihn nicht, aber er ist harmlos und hegt niemandem gegenüber ein böses Ansinnen."

„Oh, das tut mir aber leid", bedauerte ich. „Wissen Sie was? Jetzt haben Sie mich richtig neugierig gemacht. Ich werde gleich nach oben gehen und bei ihm anklopfen. Vielleicht empfängt er mich. Was meinen Sie?"

„Das glauben wir nicht", sagte die Frau. „Aber du kannst es ja mal probieren. Ein Versuch kostet nichts, wenn du hinterher die Enttäuschung erträgst."

Die beiden Alten standen auf, um mich zu umarmen. Sie sagten noch, dass ich vorsichtig sein solle, man wisse ja nie.

Während sie mich vor die Tür ins Freie begleiteten, bedankte ich mich noch für die herzliche Gastfreundschaft und das unvergessliche Gespräch.

Sie standen beide vor ihrer Hütte, als ich in der Dämmerung langsam den Weg zum Schloss hochging, und winkten mir nach.

„Alles Gute“, hörte ich sie aus der Ferne sagen.

Ich drehte mich noch einmal um und sah, wie sie Arm in Arm in ihrer Hütte verschwanden.

Ein leichtes, kaum mehr wahrnehmbares Abendrot hüllte ihre Hütte in den letzten Glanz des verblichenen Tages ein.

Die Begegnung mit dem Zauberer

Als ich den Weg nach oben Richtung Schloss ging, musste ich über das Gespräch mit den alten Leuten nachdenken. Die Frau und der Mann hatten einen bedeutenden Eindruck in mir hinterlassen.

Was für unwürdige Egospielchen habe ich schon bei Menschen erlebt, die alles andere hinterließen als einen angenehmen Nachgeschmack.

Es mag vielleicht unrealistisch klingen, aber Menschen sollten sich gegenseitig aufbauen, anstatt sich selbst und andere abzubauen. Das wäre Erfolg, schoss es mir durch den Kopf.

Wenn alle Menschen nur einen kleinen Teil von den Gefühlen der beiden Alten verinnerlicht hätten, gäbe es Frieden – innen und als Folge dann auch außen.

Der Weg begann etwas steiler zu werden. Ein Teil des Schlosses tauchte bereits zwischen den Bäumen auf.

Ganz oben in einem der Turmzimmer brannte Licht.

Was für bezaubernde Menschen ich kennen gelernt hatte. Sie waren mir also zugefallen. Noch immer klangen die Worte der Frau in meinen Ohren nach.

Begriffe wie Zugehörigkeit und Freiheit fielen mir wieder ein. Ich dachte nach: Wenn Zugehörigkeit zu sehr bindet, wird dann der Freiheitsdrang im Menschen dadurch gebremst? Mmh! Was dann? Dies schafft dann wohl auch nicht die ersehnte endgültige Zufriedenheit. Die beiden Alten jedenfalls hatten es immerhin geschafft, alles in sich zu harmonisieren und sich durch äußere Einwirkungen nicht aus dem Gleichgewicht bringen zu lassen. Man muss wohl ein Gefühl zulassen, um es dann zu erfahren, sich auf etwas einlassen, dem man entsprechen möchte. Eines hatte ich von den beiden Alten ebenfalls gelernt. Auch in ihrem Leben gab es mit Sicherheit ab und zu Unstimmigkeiten, aber sie hatten Verarbeitungsmechanismen und Einstellungen gelernt, die ihnen immer wieder aufs Neue Lebensfreude schenkten.

Ich empfand in diesem Moment tiefe Wertschätzung dafür, dass sie mich an ihren wahrhaftigen und gelebten Erkenntnissen hatten teilhaben lassen.

Nun war es schon ziemlich dunkel geworden. Der Mond und einige Sterne beleuchteten den Himmel und ließen das Schloss, das jetzt genau vor mir in die Höhe ragte, in einem eigentümlichen Licht erscheinen.

Ich stand vor einer gewaltigen, schweren Eisentür, die wohl nur mit großer Mühe zu öffnen war.

Ich nahm den bleiernen Türklopfer, der an der Tür befestigt war, und ließ ihn dreimal mit lautem Getöse gegen das massive Metall knallen. Nichts rührte sich. Noch ein Versuch!

Dieses Mal noch etwas lauter.

Der Schlag hallte durch die Nacht. Nach einiger Zeit vernahm ich im Innern des Schlosses leise Geräusche. Jemand schlurfte Richtung Tür.

„Wer ist da?“, hörte ich eine krächzende und ebenso wütende Stimme fragen.

„Ich bin’s. Ich möchte Sie gerne besuchen und mir Ihr herrliches Schloss anschauen“, gab ich mich etwas unbeholfen zu erkennen.

„Wer ist Ich?“

„Mein Name ist Marvin. Ich habe bereits viel von Ihnen gehört!“

„Du hast von mir gehört? Man hat mich bestimmt wieder schlecht gemacht. Die Menschen sind böse! Hau ab, verschwinde“, tönte es unwirsch hinter der immer noch verschlossenen Tür.

Ich dachte nicht daran, aufzugeben.

„Nein, ich gehe nicht und werde solange gegen Ihre Tür schlagen, bis Sie aufmachen“, rief ich laut.

„Was willst du von mir? Geh weg und lass mich in Ruhe. Ich bin ein alter Mann!“

„Nein!“

Jetzt herrschte ein Augenblick Ruhe. Er schien zu überlegen. Und dann, nach etwa einer Minute, öffnete sich die riesige Tür doch noch um einen kleinen Spalt.

„Lass dich mal anschauen“, meinte ein finster dreinblickender, alter Mann. Es musste wohl der von den beiden Alten erwähnte Zauberer sein. „Komm ein Stück näher.“

Als ich näher kam, schob er die Tür noch ein klein wenig weiter auf und sah mich aus seinen blauen, wachen Augen abweisend und argwöhnisch an.

Ich bekam jetzt einen alten kleinen stirnrunzelnden Mann mit einem langen weißen Bart zu Gesicht.

„Ich möchte mir so gern Ihr wunderschönes Schloss anschauen, bitte!“

Der Zauberer fixierte mich ohne Unterlass von oben bis unten.

„Du scheinst ja nett zu sein“, fällte er abrupt sein Urteil, zögerte noch einen Moment und gab mir mit einem eleganten Fingerzeig die Erlaubnis einzutreten. Ich hatte es geschafft!

Vor mir lag eine Halle, die an längst vergangene Zeiten erinnerte. Alte, verstaubte Bilder, vergilbte Vorhänge, abgetretene, ehemals schwere Teppiche, ein riesengroßer, schief hängender Kronleuchter und jede Menge Unordnung boten sich meinen neugierigen Augen.

„Ich lebe meistens im oberen Turmzimmer", erklärte der Zauberer, deutete auf die nach oben führenden Treppen und schleppte sich umständlich aufwärts. Mit einer Handbewegung signalisierte er mir, dass ich ihm folgen solle.

In dem Turmzimmer angekommen, überraschte mich ein atemberaubender Panoramablick auf die nächtliche Umgebung, die ich durch die vielen Fenster im Sternen- und Mondlicht bewundern konnte. Ein altes, abgewetztes Sofa, ein mit fingerdickem Staub belegter kunstvoll verzierter Schrank, ein kleiner Tisch und mehrere leere Flaschen, die auf dem Boden verstreut lagen, bildeten die Einrichtung.

Der Zauberer schlurfte ans Fenster und schaute gedankenverloren in die Ferne. Er seufzte: „Hier oben fühle ich mich am sichersten und am wohlsten."

Jetzt sprudelte es aus ihm heraus. „Weißt du, mein Junge", sagte er und zog dabei an seiner Hose, die ihm viel zu lang war. „Die Welt ist schlecht, die Menschen sind alle böse, verlogen und voller Gier. Ich mag die Menschen nicht mehr, und die Menschen mögen mich nicht. Ich habe nur schlechte Erfahrungen mit ihnen gemacht. Ich habe mich hierher zurückgezogen, weil ich die Welt schon lange nicht mehr ertrage."

„Ertragen Sie sich eigentlich selbst?" In dem Augenblick, als ich mir meiner Frage bewusst wurde, erkannte ich auch meine Anmaßung.

„Wie?", fragte der Zauberer sichtlich verwirrt. „Was meinst du damit?"

„Bitte entschuldigen Sie meine Offenheit, aber ich gewinne den Eindruck, dass Sie sich nicht so ganz wohl in Ihrer Haut fühlen. Sie geben anderen Menschen offenbar an Ihrer Unzufriedenheit die Schuld und fördern dadurch deren Verhalten Ihnen gegenüber, da Sie dies ausstrahlen. Ein wahrer Teufelskreis!"

Das Gesicht des Zauberers verdüsterte sich bei meinen Worten in Sekundenschnelle. Seine zusammengekniffenen Augen sprühten vor Gift.

„Wie willst du Bursche das eigentlich beurteilen? Du hast doch vom Leben noch keine Ahnung!"

Ich ließ mich nicht aus der Ruhe bringen und entgegnete: „Ich habe schon viel erfahren, aber dies ist eine andere Geschichte. Nein, im Ernst, Sie wälzen Ihr Unwohlsein auf die Außenwelt ab und weisen jede Verantwortung von sich. Ist Ihr inneres Sein so sehr von äußeren Dingen abhängig?"

„Was bist du nur für ein Besserwisser", entfuhr es dem Zauberer. „Wie willst denn du mein Leben eigentlich beurteilen?"

„Einen Moment bitte! Ich verurteile und beurteile Sie nicht. Ich appelliere lediglich an Ihr Verantwortungsgefühl Ihnen selbst gegenüber."

Der Zauberer kam nun ganz nah an mich heran und schaute mich dabei bedrohlich an. „Wie?"

„Ich bin der festen Auffassung", fuhr ich mit klarer Stimme fort, „dass jeder Mensch die uneingeschränkte Verantwortung für seine Gefühle und damit auch für sein Handeln trägt."

Der Zauberer wich ein Stück von mir. Er schien zu überlegen, um kurze Zeit später etwas Unverständliches vor sich hinzubrummeln.

„Weißt du", und seine Stimme klang dabei nicht mehr ganz so böse, „schon mein ganzes Leben lang hatte ich die Gabe des

Zauberns. Ich schaffe es, Dinge mit meinen Gedanken zu bewegen, ohne sie jedoch in ihrer Struktur verändern zu können. Ich verfüge auch über die Fähigkeit, Dinge aus dem Nichts entstehen zu lassen, wie vor ca. 200 Jahren dieses prächtige Schloss. Aber wenn ich einmal etwas bewusst erschaffen habe, bin ich leider nicht mehr imstande, es zu verändern."

Der Zauberer machte eine kurze Pause, da ihm wohl mein offener, staunender Mund aufgefallen sein musste.

„Uff! Dann sind Sie, darf ich auch du sagen?"

„Nur zu, selbstverständlich!"

„Dann bist du also steinalt? So alt wie kein anderer Mensch!? Wenn ich deine Erzählung auslege, musst du dir auch in deinem Innern einen Zustand erschaffen haben, den du nicht mehr verändern kannst!"

„Mein lieber Junge", begann der Zauberer weiter zu erzählen. „Ich erinnere mich heute noch mit Wehmut an die Zeit, als ich jung war. Ich muss dir sagen, dass es in meinem Leben anfangs auch Zeiten gab, in denen ich Hoffnung, Freude und Energie verspürte. Irgendwie fehlte mir jedoch die Resonanz, die ich benötigte und erwartete. Von der Außenwelt habe ich letztlich nie das erhalten, was ich gebraucht hätte. Ich habe viele Begabungen, aber ich bin einfach nicht in der Lage, mir einen besseren Gemütszustand herbeizuzaubern. So begann ich schon vor vielen Jahren, mich immer mehr zu isolieren."

„Du fühlst dich also nicht wohl, weil die Menschen nicht so sind, wie du sie gebraucht hättest oder wie sie deiner Auffassung nach hätten sein sollen?"

Der Zauberer wurde auf einmal wieder etwas wütender und meinte: „Redest du schon wieder Unsinn?"

„Nein! Das ist kein Unsinn! Ich denke, du möchtest eine bestimmte Sache einfach nicht wahrhaben. Wenn du die

Menschen mit ihren Schwächen schon nicht lieben kannst, dann akzeptiere sie wenigstens und sei selbst in der Lage, deinem Innern das zu geben, was es benötigt. Sei das Selbst, das du sein möchtest. Gestalte und forme dein Inneres nach deinen höchsten Vorstellungen und betrachte das Außen als Bühne für Anregungen. Entsprechen sie dir nicht, schenke ihnen keine weitere Beachtung."

Der Zauberer schaute mich verblüfft an und wurde ganz still. Dann, nach einer Weile, fasste er sich wieder.

„Junge, wo hast du das alles nur her? Ich erkenne – du bist sehr weise. Kann ich irgendetwas für dich tun?"

„Ja", antwortete ich. „Habe ich bei dir einen Wunsch frei?"

„Sicherlich! Ich werde dir einen Wunsch erfüllen. Ich werde für dich etwas zaubern, aber überlege gut!"

Er schnippte mit den Fingern und ließ die leeren Flaschen durchs Zimmer tanzen. „Kleine Kostprobe gefällig?" Als er nach wenigen Sekunden den Flaschentanz mit einer leichten Handbewegung beendete und sich die Flaschen der Reihe nach wieder auf dem Steinboden platzierten, trat ich ihm gegenüber und schaute fest in seine wachen Augen.

„Was ich mir jetzt wünsche, wird es auch wirklich in Erfüllung gehen – in diesem Moment?"

„Aber ja doch!"

„Gut! Dann wünsche ich mir etwas für dich. Ich wünsche mir, dass du ab sofort die vollendete Zugehörigkeit zu dir selbst, zu anderen Menschen, zu deiner Umwelt und zu allem, was ist, empfindest. So soll es geschehen!"

Der Zauberer blieb bewegungslos stehen. Er starrte mich an, gab mir aber das Gefühl, als sähe er durch mich hindurch. Dann begann sein ganzer Körper zu vibrieren. Er stand wie unter Strom, war wie elektrisiert.

Oh Gott, dachte ich. Dem alten Zauberer wird doch nichts passieren?! Sein Gesicht zuckte! Seine Augen flackerten wie Kerzenlichter im Wind. Und dann – war der ganze Spuk plötzlich vorbei. Er stand wieder still vor mir und rührte sich nicht.

Es wird doch nichts schief gelaufen sein, waren meine Gedanken. Dann – urplötzlich, kam wieder Leben in ihn. Seine Stirnfalten glätteten sich, die Körperhaltung lockerte sich, seine Gesichtszüge waren entspannt, und seine Augen glänzten und strahlten, sandten eine Kraft aus, die mich fast lähmte.

Der Zauberer sprang in die Luft, sauste im Zimmer hin und her und schrie unentwegt: „Was für ein Gefühl, was für ein herrliches Gefühl!“

Dann kam er auf mich zu, drückte mich fest an sich und sagte: „Mein Retter! Du hast mich gerettet! Ich selbst hatte so viele Begabungen und Talente, konnte aber nie etwas für mich tun, was mir im Leben wirklich geholfen hätte. Dafür habe ich von außen Hilfe benötigt und erhalten – in der Gestalt von dir, mein wunderbarer Junge! Dich schickt der Himmel!“

Der Zauberer war außer sich vor Freude.

In diesem Moment des strahlenden Glücks, das jetzt auch mich gepackt hatte, klopfte es unten laut an die Tür.

Wer mochte das wohl sein, mitten in der Nacht?

Noch bevor ich mich versah, rannte der alte Zauberer die Treppen zur Halle hinunter, von einem schlurfenden Gang war nichts mehr zu bemerken. Ich eilte dem Zauberer hinterher. Unten angekommen, zögerte er nicht, die schwere Tür zu öffnen, die er mit seinen dünnen Armen offenbar mühelos bewegen konnte.

Von draußen hörte ich jemand sagen: „Entschuldigen Sie bitte, dass wir Sie noch so spät stören, aber wir sahen Licht. Wir sind auf Wanderschaft, kennen die Gegend nicht und haben uns in der Nacht verlaufen. Äh – wir dachten, ob Sie uns nicht für die Nacht ein Quartier zur Verfügung stellen könnten? Sie haben doch sicherlich viel Platz in diesem riesigen Schloss?“

„Aber unbedingt, ich bestehe darauf, treten Sie ein“, hörte ich den Zauberer sagen. Was hatte ich nur für ein Wunder bewirkt? Oder hatte sein fester Glauben an meinen Wunsch für ihn vielleicht das Wunder herbeigeführt?

Wenn man an etwas glaubt, sollen ja Wunder geschehen. Ich denke mittlerweile, wenn Wunsch, Wille und Glaube eine innere Einheit bilden, werden diese Bewusstseinsenergien in das Außen transformiert und nehmen dort Gestalt an. Wenn man sich ein Ergebnis festen Glaubens wünscht und innerlich schon fühlt und sieht, dann wird es unweigerlich – früher oder später – zur erfahrbaren Realität.

Aus dem Glauben in die bewusst erlebbare Realität. Ich erinnere mich an dieser Stelle an meine Mutter, die mir ab und zu aus der Bibel vorlas.

Ein Zitat von damals, das jetzt gerade in meine Gedankenkette passte, schlug plötzlich wie ein Blitz bei mir ein: Noch bevor ihr bittet, ist euch schon gegeben worden!

Während ich noch mit diesen Überlegungen beschäftigt war, betraten vier ziemlich müde und abgekämpfte Personen die Halle.

„Wenn Sie Hunger haben, kann ich Ihnen eine Suppe aufkochen“, erklärte der Zauberer und eilte, ohne eine Antwort abzuwarten, in die Küche.

Die Wanderer, zwei junge Frauen und zwei junge Männer, ließen sich erschöpft auf das große rote Sofa fallen, das mitten in der Halle stand.

Schon nach kurzer Zeit kam der Zauberer mit einem Kessel köstlich duftender Suppe in die Halle zurück. Als wir nun beisammen saßen und die Suppe löffelten, wurden die Wanderer etwas munterer, und es entspann sich ein angeregtes Gespräch.

„Sie müssen uns unbedingt mal besuchen“, meinte der eine junge Mann. „Da wo wir herkommen, ist es auch sehr schön. Es wird Ihnen sicherlich bei uns gefallen.“

Der Zauberer nickte eifrig und meinte: „Gerne, sehr gerne!“

In diesem Moment geschah etwas sehr Merkwürdiges. Ich wurde allmählich in ein Licht getaucht, das immer stärker leuchtete. Alles Sichtbare um mich herum wurde schwächer und schwächer, bis ich mich in der Mitte des Lichts befand. Nun ebbten auch die Geräusche ab, und die Stimmen des Zauberers und der Wanderer waren nur noch von weitem zu hören.

Nach einer Weile zog sich das Licht langsam von mir zurück, schwebte aufwärts und bildete ein Gesicht aus mehreren schillernden Farben, das sanft auf mich herab lächelte. Jetzt erkannte ich: Ich lag wieder auf meinem Berg, und der Geist der Phantasie verweilte über mir.

„Siehst du“, begann er, „ich habe dich auf eine kleine Reise mitgenommen und dich wieder heil hierher zurückgebracht, wie ich es versprochen hatte. Du warst einfach wunderbar! Du hast einem anderen Menschen geholfen, der dringend auf Hilfe angewiesen war. Ohne dein Mitgefühl und ohne die Auseinandersetzung, die du mit ihm begonnen hast, wäre er noch heute der alte, mürrische Einsiedler. Aber du hattest Recht, mein Junge. Es war letztendlich sein Glaube, der ihn vor sich selbst gerettet hat. Sein fester Glaube, dass du das Wunder in ihm bewirken kannst. Mit deiner Art hast du seinen Glauben aber auch noch gestärkt. Merke dir: Alles erschaffene Außen kommt vom nicht sichtbaren Inneren, von der unsichtbaren Energie.

Dies gilt natürlich auch für deinen Zauberer, der sich für seine Umwandlung im Innern entschieden hat. Die Menschen müssen auf der Hut sein, damit äußere negative Einflüsse ihr inneres Fühlen nicht verderben. Das würde ihrem individuellen Handeln und damit auch dem kollektiven Handeln großen Schaden zufügen. Was im Kleinen anfängt, kann im Großen enden. Alle Entscheidung ruht im Innern und ist unabhängig vom Außen.

So, mein lieber Junge, jetzt heißt es Abschied nehmen. Ich kann nun gehen. Du hast viel gelernt, auch was die praktische Umsetzung des Wissens betrifft. Ich danke dir für deine Aufmerksamkeit.“

Als ich mich von ihm verabschiedet hatte, zwinkerte mir der Geist noch einmal zu. Die Konturen seines Gesichtes begannen nun ineinander zu verschwimmen.

Als vom Gesicht schon lange nichts mehr zu erkennen war, bot sich mir noch immer ein Wechselspiel der Farben, ein schillernder Tanz, der nun in die Weite des Weltraumes gesogen wurde.

Ruhe und Dunkelheit umhüllten mich wieder.

Der Geist der Liebe

Ich entspannte mich in der Stille der Nacht und ließ meinen Gedanken freien Lauf. Sie zogen an mir vorüber, aber ich maß ihnen keine Bedeutung bei. Leere, Ruhe und das Schwarz der Nacht umgaben meine Sinne. Es war ein schönes Gefühl, in diesem friedlichen und harmonischen Zustand noch eine Weile zu verharren. Was hatte ich alles erlebt! Und doch spürte ich irgendwie, dass mir die größte Offenbarung noch bevorstand.

Kaum hatten sich meine Gedanken verflüchtigt, da fühlte ich eine Energie um mich herum, die langsam von mir Besitz ergriff. Ich sah nichts. Ich spürte nur diese unbeschreibliche Energie, die in mein Innerstes eindrang und überall vorhanden sein musste. Ich war gänzlich verklärt. Alles Negative in mir war ausgelöscht. So ein Gefühl kannte ich bisher noch nicht. Es war mir noch nie in einer derartigen Intensität begegnet.

Ein Gefühl der Liebe breitete sich in mir aus. Und als ich ganz von dieser Energie berührt war, wurde ich in ein warmes Licht getaucht, das mich umhüllte. Sein Zentrum musste weit über mir sein und war so hell, dass ich meine Augen instinktiv abwendete.

„Ich bin der Geist der Liebe“, erklang eine milde, liebevolle Stimme, die aus allen Richtungen zu kommen schien.

Ich drehte mich nach allen Seiten um und versuchte ergebnislos, die Stimme zu orten.

„Ich habe dich bisher nur behutsam berührt, mein Junge. Wenn ich dich richtig anfassen würde, wärest du in einer anderen Dimension – da wo ich herkomme. Aber meine Ausstrahlungskraft wirkt durch alle Dimensionen hindurch, denn ich bin absolute Liebe, die stärkste Energie, die es gibt. Ich bin aufbauende Kraft. Ich bin erschaffende, bewirkende

Hingabe und Leidenschaft. Was in Liebe gemacht wird, ist ein Wunderwerk des Erschaffens. Ich bin das Leben. Ich bin die bedingungslose Liebe; ich stelle keine Regeln auf und hege keine Erwartungen.

Ich liebe und segne auch das, was ihr Menschen als böse bezeichnet, denn letztendlich wird alles in mir münden.

Die Liebe ist das Herz Gottes. Ich bin der nie endende Herzschlag Gottes.

Mein Streben ist an keine Resultate gebunden. Ich wirke nur in Liebe.

Liebe ist die Ursache der Poesie menschlicher Gefühle. Sie nährt sich aus wahrhaftigster Entzückung.

Liebe ist das Glück, im wahrsten Innern erkannt zu sein.

Liebe ist das fortwährende sehnsüchtige Pochen im Innern des Menschen.

Liebe ist die Kunst, andere mit einem Lächeln zu verzaubern, auch wenn die Umwelt negativ ist. Die Geradlinigkeit der Liebe mündet immer in unbeugsame Harmonie.

Liebe ist die Energie, die alles Sein zusammenhält.

Liebe trocknet die Tränen der Enttäuschung. Sie ist Quelle, aus der die gebeutelte Psyche Kraft schöpft.

Wenn die Psyche Liebe erfährt, gedeiht sie und erblüht wie eine Blume.

Liebe ist auch Beglücktsein durch das Glück anderer.

Liebe ist vollendetes Erschaffen.

Wut, Hass und Zerstörung sind der gellende Schrei nach Liebe, die Sucht nach Anerkennung, Aufmerksamkeit und Macht ein versteckter Schrei.

Worte reichen jedoch nicht aus, Liebe begreiflich zu machen. Liebe bleibt abstrakt, wenn sie nicht gefühlt wird. Sie ist ein Zustand und die Keimzelle des ewigen Seins.

Liebe ist immer vorhanden, auch wenn sie nicht gelebt wird. Wenn sie bewusst und beabsichtigt empfangen wird, wird sie fühlbar und verändert alles: die Aufmerksamkeit, den Blickwinkel, die Gedanken und damit auch alles menschliche Handeln.

Nur sich selbst verändert die Liebe nie, aber durch sie erfährt alles Veränderung, was heute noch im Dunkeln existiert. Die Liebe hat schon in so manch eine dunkle menschliche Psyche Licht gebracht.

Die Liebe schläft nie. Sie wartet nur darauf, ins Bewusstsein aufgenommen zu werden, obgleich sie im Sein immer vorhanden ist. Aber das Nichtbewusstsein ist sich ihrer eben nicht bewusst.

Das menschliche Sein weiß oft nicht, was es in Wahrheit ist. Seine Aufmerksamkeit richtet sich auf das persönliche Sein, aber in Wirklichkeit ist individuelles Sein mehr, als es scheint. Durch die Begrenztheit seines Wissens erfährt es eine scheinbare Reduktion, denn es kann sich immer nur im Rahmen seines augenblicklichen Wissens wahrnehmen.

Da das bewusste Wissen jedoch nicht identisch ist mit dem tatsächlichen Wissen, das zwar oft versteckt, aber trotzdem in allem enthalten ist, ist auch das individuelle Sein viel weiter gesteckt. Liebe ist dieses Mehr an Sein, das sich in der innersten Sehnsucht eines Menschen bemerkbar macht. Da wir dazu neigen, äußeren Reizen zu viel Aufmerksamkeit zu schenken, verhindert unsere Wahrnehmung allerdings allzu häufig dieses innere Klopfen.

Wenn die Liebe erst einmal erkannt wird, ist sie sofort zur Stelle, denn im Bewusstsein existieren keine Entfernungen.

Ein Zustand tritt immer unmittelbar ein, sofern er bewusst gewünscht wird und die Grundlage dafür bereitet ist.

Diese Grundlage und der Wunsch machen die Fähigkeit des bewussten Erkennens und Verstehens aus. Das Erkennen und das Verstehen finden im Innern statt.

Egal was du suchst, suche es zuerst in dir. Hast du deinen Seinszustand gefunden und empfunden, dann agiere aus ihm heraus. Sei Liebe und handle in Liebe. Du kannst dir sicherlich vorstellen, dass ein solcher Zustand die Kraft hat, den Menschen zu stabilisieren und ihn innerlich freier und unabhängig von äußeren Einflüssen zu machen.

Um im Leben Freude und Sinn zu finden, müssen also zuerst die Voraussetzungen im Inneren geschaffen werden. Wahrnehmung und Erleben der vordergründigen Realität sind abhängig von den Begebenheiten im Hintergrund. Um Freude aufnehmen zu können, müssen Vergebung, Einsicht, Sensibilität, Verantwortungsbewusstsein, Mitgefühl, die Bereitschaft, sich bewusst auf etwas einzulassen, und innere Ruhe fest in uns verankert sein. In der inneren Freiheit, die so entsteht, kann die Liebe zum Ausdruck kommen. All diese Eigenschaften sind deshalb Botschafter der Liebe.

Liebe ist Freiheit und zugleich Zugehörigkeit. Sie vereint die scheinbaren Widersprüche in sich. Wenn ein Mensch etwas liebt, empfindet er Zugehörigkeit. Wenn er etwas loslassen kann, was sich an ihn binden möchte, zollt er der Freiheit ihren Tribut. Liebe ist niemals einengend. Wahre Liebe macht frei und lässt gleichzeitig das wunderbare Gefühl der Zugehörigkeit zu. Von Dingen loslassen, die einem nicht entsprechen, ohne sie zu verurteilen, und sich auf etwas einlassen, was dem individuellen Ich nahe kommt, ist in Freiheit verbindende Liebe."

„Jetzt habe ich eine Frage“, unterbrach ich den Geist. „Wie ist es bei der Liebe denn eigentlich um die Toleranz bestellt? Lässt die Liebe schlechtes Verhalten gewähren?“

„Dies ist eine wichtige Frage“, bestätigte der Geist. „Die reinste Form der Liebe ist ohne alles Böse. Aber Liebe bedeutet Freiheit, und in der Freiheit ist böses Tun möglich. Die alles umfassende Liebe lässt die Entscheidung für böses Tun zu, denn sie weiß, dass ihre reinste Form die stärkste Energie ist, die es gibt, und dass deshalb letztlich alles auf sie hinausläuft, da auch die stärkste Sehnsucht nach ihr verlangt.

Menschlich gesehen spielt die Absicht eine große Rolle. Wenn du jemandem, der sich „schlecht“ verhält, die Chance geben möchtest, sein Verhalten im Spiegel der Erwartungen zu sehen, die er an das Verhalten anderer Menschen knüpft, so ist dies mit Sicherheit sehr gut. Du zeigst ihm dadurch, inwieweit sich sein Verhalten mit seinen Erwartungen an die anderen vereinbaren lässt. Es kommt hier sehr auf deine Absicht an, denn sie prägt deinen Ton, deine Wortwahl und deine Ausstrahlung. Liebe baut andere niemals ab; sie ist stets von aufbauender Natur.“

„Ich muss dir gestehen, dass mir deine Antwort noch nicht ganz genügt“, bohrte ich weiter. „Was ist, wenn die Liebe das Böse nicht überzeugt, wenn also das Böse nicht erkennen möchte und Schaden anrichtet?“

„Meine Antwort wird dich vielleicht überraschen“, erklärte der Geist. „Weißt du, die absolute Liebe ist viel mehr, als ihr Menschen euch vorstellen könnt. Aber ein Mensch sollte ja nicht nur das Andere im Äußeren lieben, sondern ebenso sich selbst. Ein innerlich leerer Mensch kann aus sich heraus nichts geben. Wenn ein Mensch voller Liebe ist, kann er nicht zulassen, dass Dinge zerstört werden, die er - oder das Kollektiv - als gut und richtig anerkannt haben, denn dies würde den Verlust des eigenen Bezugs zur Liebe bedeuten. Also kämpft man um den Erhalt seiner Ideale notfalls auch mit Schwertern.“

„Aber im Kampf geschieht doch Böses – Zerstörung. Ist da noch Liebe?“

„Ja, Selbstliebe!“

„Du sagtest doch vorhin, dass Liebe allumfassend ist?“

„Ist sie auch, aber im höheren Sinne. Ein Mensch oder eine Gesellschaft darf niemals zulassen, dass die eigenen hohen Ideale durch feindliche Gruppen außer Kraft gesetzt werden oder dass jemand willkürlich Haus und Hof eines anderen anzündet.

Die Liebe kann dazu natürlich nicht einfach Dankeschön sagen – das wäre ein falsches Verständnis von Liebe. Aber damit hier kein Missverständnis aufkommt: Wir reden im Augenblick über individuelle und kollektive Ideale, Einstellungen und Handlungen. Die absolute Liebe ist als stärkste Energie allumfassend und weiß, dass kein Mensch in seiner Überzeugung Unrecht tut. Wenn dennoch einem Menschen sein unrechtes Handeln bewusst ist und er keine Umkehr schafft, so kann oder will er offenbar nicht anders. Die Liebe umfasst somit auch menschliche Schwächen. Doch begehe niemals einen Liebesverrat an dir selbst.

Will man dir etwas überstülpen, was nicht dein ist, kann deine Liebe nicht so weit gehen, dass du dir von außen eine Sache aufzwingen lässt, die dein Missfallen erzeugt.

Steh zu dir selbst und kämpfe, wenn es dir notwendig erscheint, aber richte dein ganzes Denken, Streben und Agieren nach dem höchsten Ideal aus, das jeder geschaffenen Moral trotzt: der Liebe.“

„Warum ist die Liebe die stärkste Energie, die es gibt? Wie erkennt man dies?“

„Wenn du sämtliche Egoanteile vom Menschen abziehst - seine Wünsche, Urteile und individuellen Eigenarten -, dann bleibt nur noch die Ruhe, die Leere, die mit Liebe erfüllt ist. Dann wird der elementarste Wunsch erfüllt sein, der letztendlich alle Menschen beherrscht: das Erleben der absoluten Liebe, um das man häufig sein ganzes Leben lang umsonst gekämpft hat. Alles, was sich um die Liebe herum formiert, entspricht nicht wirklich dem Kern der Wahrheit. Dem kommst du nur dann näher, wenn du von den äußeren Anteilen der scheinbaren Welt absiehst. Dabei wirst du immer wieder die gleiche Substanz des ewigen Lebens erkennen und erfahren: LIEBE! Das Verschwinden der inneren und äußeren Illusionen wird die geballte Kraft der unendlichen Urenergie zum Vorschein bringen.

Alle Konflikte auf der Welt bestehen, weil es an Liebe fehlt, und alle Konflikte werden durch diejenigen verursacht, die die Wahrheit der Liebe nicht verinnerlicht haben.

Um eine Wahrheit zu erkennen und in der Folge zu realisieren, muss der Mensch zuerst einmal richtiges Verstehen entwickeln. Ohne richtiges Verstehen erreicht man nichts, was der Mühe wert ist.

Doch mit richtigem Verstehen werdet ihr Menschen richtige Gedanken haben, und aus richtigen Gedanken ergeben sich die entsprechenden Worte und die angemessenen Taten.

Von da an entwickelt sich die Liebe für die ganze Menschheit von selbst. Dann werden Streitigkeiten über unbedeutende Unterschiede hinfällig. Aber ihr Menschen seid schon sehr widersprüchlich. Ihr streitet euch, weil es Unterschiede gibt, und ihr streitet euch, um Unterschiede zu erschaffen, weil euer Ego mehr sein will als andere.

Der Kosmos ist so vielgestaltig. Kein Ding gleicht dem anderen, wie kein Mensch dem anderen gleicht, auch wenn es Parallelen und Ähnlichkeiten gibt. Vielfalt ist ein kosmisches Prinzip.

Gottes Motto lautet: Einheit in der unendlichen Vielfältigkeit. Das Bekämpfen von Unterschieden im kosmischen Prozess verstößt deshalb gegen ein Naturprinzip.

Doch in Wahrheit existiert gar kein Unterschied zwischen euch einzelnen Menschen. Ihr verfügt alle über eine Seele, und alles wird von ein und derselben Kraft erhalten.

Die Seele ist die Essenz Gottes und eure Verbindung zu Gott. Habt ihr das Verstehen erst einmal verinnerlicht, dann könnt ihr auch sehen, dass es auch nur ein einziges Heilmittel für alles Leiden der Menschen gibt: Liebe.

Wenn die Sinne still sind, das Gemüt zur Ruhe kommt und der Verstand zum Schweigen gebracht ist, erkennt die Seele.

Liebe im Alltäglichen zu finden - zu dir, zu anderen Menschen, zu deiner gesamten Umgebung -, ist ein schwieriger, fortwährender Prozess, der viel Einsicht und Geduld erfordert. Doch die Mühe lohnt sich, da ausnahmslos alle Menschen trotz ihrer Verschiedenartigkeit nach ihr suchen.

Auf dieser Suche stellen sich dem Menschen immer wieder viele Hindernisse in den Weg, die in der Regel emotionaler Art sind. Deshalb verläuft so manche Suche im Sand.

Der Mensch begeht unentwegt den gleichen Fehler. Er sucht etwas, was er schon längst in sich trägt. Wer sucht, hat noch nicht gefunden und besitzt gleichzeitig doch schon ewig. Er ist sich dessen nur noch nicht bewusst.

Es ist in Wirklichkeit keine Frage der Suche, sondern der Empfängnis. Empfängnis wird möglich durch Sehnsucht, Einsicht, Sensibilität, Offenheit und Sensitivität. Allerdings darf die Liebe im Menschen keine Züge der Ohnmacht haben, da sie sonst Böses zulässt und unfähig ist, für Recht und Ordnung zu sorgen.

Liebe darf keinesfalls lähmen.

Die Menschen dürfen nicht Unrechtes lieben, sollten aber versuchen, ein zusammenhängendes, auf Ursache und Wirkung bezogenes Verstehen zu entwickeln, und die Gnade der Vergebung in sich tragen.

Wenn die Liebe Gottes ohnmächtig zu sein scheint, da auf Erden das schlimmste Grauen möglich ist, dann trügt dieser Schein. Gott ist absolut. Gott - das Es, das Sein, der Zustand, die Energie, der Prozess - lässt innerhalb der geschaffenen Gesetzmäßigkeiten absolute Freiheit zu.

Bei diesem Zulassen existiert keine Verurteilung, da alles so ist, wie es ist. Jedoch wird alles Sein in Freiheit seine Gebundenheit an die Liebe zwangsläufig erkennen.

Genau das drückt die absolute Liebe Gottes auch im Menschen aus, die fortwährend existiert.

In der Freiheit scheint die Liebe Gottes verloren zu sein.

Doch die Liebe Gottes erschafft geradezu die Illusion der Freiheit. Die Freiheit ist deshalb letztendlich nur als Illusion existent, da sie vor der tatsächlichen Realität keinen Bestand hat, weil alles Sein sich unausweichlich wieder mit dem höchsten Wesen Gottes vereinen wird.

Das ist absolute Liebe.

Der Mensch ist in der Lage, sich durch sein Denken und Tun gegen diese Liebe zu richten, aber eben nur innerhalb der erschaffenen Illusion der Freiheit, in der alles möglich zu sein scheint.

Das Erkennen des wahren Antlitzes Gottes im Sein erfolgt früher oder später zwangsläufig, da jedes Sein eine Facette Gottes ausdrückt und zu guter Letzt wieder mit Gott verschmilzt.

Gott ist jedes Sein und im höchsten Sinne absolute Liebe.

Zum Schluss unserer Begegnung möchte ich dir noch eine kleine Geschichte über den tieferen Sinn der Liebe erzählen.

Das Mädchen und die Fee

Es war einmal ein kleines Mädchen, das auszog, um die Liebe zu suchen. Es riss einfach eines Tages von zu Hause aus, ohne ihren Eltern Bescheid zu sagen, da sie den Eindruck hatte, nicht viel Liebe zu erhalten.

Auf der Wanderschaft, die sie über viele Berge führte, trug sie einen Rucksack bei sich, der mit etlichen Dingen gefüllt war, an denen ihr ganzes Herz hing.

An einem heißen Nachmittag mitten im Spätsommer kam ihr auf einem Weg, der einen herrlichen Blick ins Tal bot, ein ziemlich übel dreinschauender Vagabund entgegen. Er blieb vor dem Mädchen stehen, schaute es von oben bis unten missfallend an und meinte in barschem Ton:

'Was machst du denn alleine hier?'

'Ich bin auf der Suche nach der Liebe', antwortete das Mädchen.

'Nach was? Nach der Liebe?'

Der unsympathische Mann begann schallend zu lachen: 'Ha, ha, ha! Wer hat dir denn bloß einen solchen Floh ins Ohr gesetzt? Es gibt keine Liebe unter den Menschen. Du brauchst dich nur umzuschauen. So ein Unsinn!'

Der Mann rückte bedrohlich näher.

'Was hast du da eigentlich in deinem Rucksack? Zeig mal her!'

'Nein, ich lasse dich nicht in meinen Rucksack hineinschauen. Der Inhalt ist für mich sehr wertvoll. Du bekommst ihn nicht zu sehen,' sprach das Mädchen und versuchte davonzueilen.

Doch der Vagabund hielt sie fest und entriss ihr den Rucksack.

‚Nein! Nein! Gib ihn mir sofort wieder zurück‘, flehte sie, aber alles Jammern half letztlich nichts. Der Mann dachte im Traum nicht daran, dem Mädchen ihr Eigentum wieder zurückzugeben. Während er eiligen Schrittes sich davonstahl, drehte er sich noch einmal um und meinte voller Spott: ‚Siehst du, das hast du nun von deiner Suche. Ich habe dir ja gleich gesagt, dass du die Liebe nirgendwo finden wirst!‘

Da stand es nun ganz allein auf dem Weg, das arme kleine Mädchen, das soeben bestohlen worden war. Tränen kullerten über ihr hübsches Gesicht, in dem sich Traurigkeit breit machte. Die schöne Aussicht ins Tal hinab konnte sie nicht mehr erfreuen.

Mit hängendem Kopf ging sie schluchzend ein paar Schritte weiter, um sich dann nachdenklich auf eine Bank zu setzen. Es befand sich weit und breit kein Mensch, der ihr hätte zu Hilfe eilen können. Allein und in ihr Elend versunken starrte sie vor sich hin.

War das wirklich wahr, was sich da vor wenigen Minuten zugetragen hatte, oder war alles nur ein böser Traum gewesen?

In diesem Moment geschah es, dass plötzlich aus dem Nichts ein himmlischer Lichtschein aufleuchtete und unser Mädchen aus ihren trübsinnigen Gedanken riss. Etwas ängstlich betrachtete sie mit großen Augen das Phänomen. Das Licht wurde eine Spur schwächer, und seinem Mittelpunkt entstieg eine wunderschöne weibliche Gestalt, so hübsch und von so reiner Ausstrahlung, dass dem kleinen Mädchen die Augen wieder feucht wurden, aber dieses Mal vor Rührung. Im Antlitz der weiblichen Gestalt zeichnete sich ein leichtes Lächeln ab. Sie hob ihren Arm und deutete dabei mit dem Zeigefinger, der im selben Moment zu leuchten begann, auf das kleine Mädchen.

Langsam bewegten sich ihre Lippen ...

‚Ich bin die Fee der liebevollen Wünsche und grüße dich in Liebe. Ich sah dein Elend. Du hast mich aus deinem Innern herbeigerufen. So mache ich mich dir nun äußerlich bemerkbar und werde dir zwei Wünsche erfüllen. Aber bedenke dabei, dass ich nur in der Lage bin, solche Wünsche zu erfüllen, die mit der Liebe zu vereinbaren sind. Ich höre nun auf deine Worte, mein liebes Mädchen!‘

Das Mädchen wusste noch nicht so richtig, wie ihr geschah, nutzte aber sofort die sich ihr bietende Gelegenheit.

‚Ich will all meine Sachen wieder zurück!‘, schrie es mit lauter Stimme.

Das Lächeln der Fee verschwand. ‚Nein, ich kann dir diesen Wunsch nicht erfüllen. Du wirst deine gestohlenen Sachen nie mehr wiedersehen. Du hast jetzt noch eine Chance, dir etwas zu wünschen, aber sei dabei behutsam. Schlägt dein Wunsch wieder fehl, so bin ich auf der Stelle weg. Leider nicht freiwillig, sondern weil mich deine Uneinsichtigkeit auf der Stelle zerstören wird. Ich bin dann zwar nicht wirklich tot, aber für dich nicht mehr sichtbar, geschweige denn wahrnehmbar.‘

Das Mädchen trotzte noch einen Augenblick, schien einen Moment zu überlegen, aber dann ...

‚Also gut, jetzt weiß ich es. Ich wünsche mir von dir, dass ich den Verlust meiner liebgewonnenen Sachen innerlich gut verschmerzen kann und außerdem sogar noch in der Lage bin, ein klein bisschen Mitgefühl für den bösen Vagabunden zu empfinden.‘

‚Fein!‘ Im Nu wurde das Gesicht der Fee wieder von ihrem zauberhaften Lächeln berührt. ‚So gehe dein Wunsch in Erfüllung! Noch einen Wunsch hast du frei. Überlege genau!‘

‚Ich wünsche mir, dass dem Vagabunden das gleiche Böse passiert wie mir, damit er daraus lernt!‘

‚Na, na, na!‘, mahnte die Fee. ‚Formuliere deinen Wunsch gefälligst liebevoller!‘

‚Ja, ich hab’s‘, meinte unser kleines Mädchen nach kurzem Nachdenken eifrig. ‚Ich wünsche mir, dass der Vagabund die Wirkung seiner Tat vor Augen geführt bekommt. Ich wünsche mir, dass sein Gewissen anfängt zu arbeiten, und ich wünsche ihm die Erkenntnis, dass ein Mensch niemals sein Glück auf dem Unglück eines anderen Menschen aufbauen kann.‘

Die Fee begann wohlwollend zu nicken, und ihr ganzes Gesicht fing dabei an zu strahlen. ‚Oh, du kluges, kleines Mädchen! Auch dieser Wunsch wird in Erfüllung gehen. Ich verspreche dir, dass der Vagabund nie mehr anderen Schaden zufügen wird, weil du ihm richtiges Verstehen gewünscht hast. Du hast nun das gefunden, weswegen du Hals über Kopf von zu Hause ausgerissen bist. Der Weg hat sich für dich gelohnt. Jetzt lauf aber ganz schnell wieder nach Hause, meine Kleine. Deine Eltern warten bereits ungeduldig auf dich und machen sich große Sorgen.‘

Kaum waren die Worte der Fee verhallt, da entschwand sie im Nichts, so wie sie vorher aus dem Nichts aufgetaucht war.

Unser kleines Mädchen stand nun wieder allein auf ihrem Weg und blickte nachdenklich in das wunderschöne Tal. Ihre Gedanken beschäftigten sich mit dem Täter und nicht mehr mit sich selbst. Eigentlich, dachte sie, ist der Vagabund ja ein ganz armer Kerl. Ihm fehlt wohl auch Liebe, sonst wäre er doch niemals so geworden. Ich habe zwar einen materiellen Verlust erlitten, aber letztendlich ist der Vagabund, der eine solche Tat begeht, ein armes Geschöpf. Sie verspürte Mitleid mit ihm, so dass gar kein Hassgefühl in ihr aufkommen konnte. Die anfängliche Bestürzung verwandelte sich in verständnisvolles Mitgefühl. Liebe zu sich selbst begann in ihr zu pochen und zeigte ihr den Willen zum Durchhalten an. Selbstliebe verhindert tiefe Resignation, und Mitgefühl, der Botschafter der Liebe, schließt jeden Hass aus.

Selbstliebe darf keine egoistischen Ausmaße annehmen, aber ohne gesunde Selbstliebe gibt es kein Mitgefühl. Wer für sich selbst nichts Gutes empfindet, kann dies auch nicht für andere tun.

Das Mädchen hatte jetzt entdeckt, was sie gesucht hatte. Sie spürte so etwas wie Liebe in sich. Der materielle Verlust war für sie groß, aber sie nahm nun ihren inneren Gewinn wahr. Das begangene Verbrechen an ihr empfand sie nach wie vor als schlecht, aber die in ihr aufkommende Liebe machte sie frei. Liebe ist kein Spiel. Sie drückt das Maß aller Dinge aus.

Unser kleines Mädchen überlegte nicht mehr lange und eilte erlöst, so schnell es konnte, nach Hause."

Der Geist der Liebe

Der Geist der Liebe machte nach dieser Erzählung eine große Pause -

Sein behagliches Licht entfernte sich etwas, verdichtete sich mehrere Meter über mir und wurde so hell und intensiv, dass ich die Augen schließen musste.

„Mein lieber Junge“, hörte ich den Lichtgeist wieder zu mir sprechen. „Die Zeit des Abschieds naht. Du hast viel erfahren, doch du weißt und spürst noch längst nicht alles, weil deine menschlichen Sinne nicht für das geschaffen sind, was allumfassend ist. Das ganze Leben ist ein Spiel mit der Freiheit, mit der scheinbaren Freiheit. Gottes Unausweichlichkeit liegt in der zwangsläufigen Erkenntnis dessen, was Gott wirklich ist und was allem Sein widerfahren wird. Hier endet das Spiel und ergießt sich unweigerlich in die absolute Liebe. Es existiert kein Verlorensein – außer in der Illusion. Das Leben ist Gott. Gott existiert in jedem Sein. Der Grundzustand des Bewusstseins ist die Schöpfungsebene Gottes.

Die Freiheit des schöpferischen Bewusstseins ist unendlich, kehrt aber letztendlich immer zum ursprünglichen Gottesbewusstsein zurück, in dem die Liebe herrscht. Wenn der Mensch bereit für diese Erkenntnis ist, wird eine Erinnerung leise in ihm aufdämmern, die vielleicht anfangs nur wie eine vage Ahnung aussieht. Sie wird schließlich alle Ebenen seines Seins durchdringen und seine göttliche Natur zum Leben erwecken. Der Individualität fehlt jedoch häufig das Bewusstsein von Gott. Wer wahren Glauben hat, weiß, dass ein Mensch sich letztendlich niemals gegen Gott auflehnen kann, sonst wäre er ja mächtiger als Gott. Kann das sein? Gott lässt sich nicht auf ein menschliches Maß reduzieren. Er ist einfach alles.“

„Ich habe noch eine Frage an dich, den Geist der Liebe“, versuchte ich mich bemerkbar zu machen, da ich den Eindruck hatte, dass der Geist sich allmählich von mir loslösen wollte.

„Der Sinn des Lebens liegt in der Erfahrung. Entwickelt der Mensch für eine bestimmte Sache so etwas wie Leidenschaft, Hingabe oder Interesse, dann entsteht dadurch sein persönlicher Lebenssinn. Worin besteht nun der tiefere Sinn dieser Erfahrung?“

„Hast du das nach all deinen Dialogen mit den verschiedenen Geistern noch immer nicht so richtig verstanden?“

„Offenbar!“

„Jetzt pass einmal gut auf: Der tiefere Sinn jeder Erfahrung liegt in der Erkenntnis dessen, was du bist. In jeder Erfahrung wurzelt Erkennen, das schließlich zum Erkennen Gottes führt Der höchste Sinn jeder Erfahrung ist also das Erkennen Gottes, und dies heißt letztlich: Gott möchte sich selbst erkennen!“

„Oh, mein Gott, dies ist ja unfassbar! Aber hat Gott überhaupt noch einen Wunsch, wenn er oder alles bereits vollendet ist?“, fragte ich verwirrt.

„Oh ja! Gott hat ständig ein großes Verlangen nach der Erfahrung all seiner Möglichkeiten. Dennoch ist Gott immer vollendet.

Alle Geschehnisse resultieren aus der absoluten Vollendung und gelangen dort auch wieder hin. Die absolute Vollendung erkennt sich aber nicht, wenn außer ihr selbst nichts existiert. Außerdem gibt sich Vollendung auf Dauer mit ihrem Zustand nicht zufrieden. Sie hat in ihrem innersten Sein ein unstillbares Verlangen nach weiteren Erfahrungen, um sich dann wieder in ihrer eigenen Vollendung zu erkennen. Dazu ist es notwendig, dass ein Teil des Ganzen sich erst einmal nicht als Gott oder als nicht vollendet begreift. Diese Erfahrung macht ihr Menschen im Augenblick. Jeder Erkenntnis geht zunächst die Erkenntnis voraus, dass man nicht das ist, was man eigentlich ist. Ein Teil des Ganzen erfährt sich als Nicht-Ganzes, um sich dann dank dieser Erfahrung eines Tages wieder als Ganzes zu erkennen. Dieses ewige Spiel hat den Sinn, dass Gott immer wieder in der Erfahrung erkannt werden kann. Die Wahrheit der Liebe und der Freiheit Gottes bleiben dabei unangetastet und unabänderlich.

Meine letzten Worte möchten dir noch etwas deutlich machen: Das Außen verliert sich in der Unendlichkeit des sogenannten Nichts, und deshalb ist jede Suche im Außen letztlich vergeblich. Was wir suchen, drückt sich in unserer innersten Sehnsucht aus, und deren Befriedigung lässt sich im expandierenden Außen nie vollständig erfüllen. Wirklich daheim bist du nur in deinem Inneren.

Suchst du einen Beweis für das Mehr, das sich in deiner Sehnsucht ausdrückt und dem deine Sehnsucht gilt? Ja!?

Aber genau da ist der Beweis.

Bei deiner Begegnung mit dem Geist der Weisheit hast du es selbst so schön ausgedrückt. Der Beweis erfährt sich allein in deiner innersten Sehnsucht. Oder glaubst du, dass du Sehnsucht nach etwas haben kannst, was gar nicht vorhanden ist? Meinst du vielleicht sogar, dass du einer inneren Täuschung verfällst?

Du unterliegst dann einer Täuschung, wenn du glaubst, deine innerste Sehnsucht vollständig im Außen befriedigen zu können. Allein deine innerste Sehnsucht ist der Beweis, dass es ein Mehr, also Gott, die absolute Liebe gibt; sonst könnte eine so intensive Sehnsucht in dir und in anderen Menschen gar nicht aufflammen. Diese Flamme lodert ewig in dir. Sie ist dein Ursprung, deine wirkliche Heimat, die sich in dir bemerkbar macht. Sie weist dich darauf hin, dass das Leben auf der Erde nur eine Erfahrung ist, aber niemals deine Heimat. Du erreichst diese nur durch dein Inneres.

Deine eigentliche Heimat ist in dir selbst.

Auf deiner Suche im Außen wirst du dich selbst oft verlieren.

In deinem Innern wirst du alles finden, was du w i r k l i c h suchst.

Die Suche nach dem wahren Mehr ist deshalb stets eine innere Suche.

Gott wirst du im Außen nicht finden - dort entdeckst du lediglich die Wirkungen Gottes.

Der reinen Essenz Gottes kannst du nur in einer anderen Dimension näher kommen: in der Dimension deines Innern.

Das Außen spiegelt einen Teil des Inneren wider, doch die Dimension des Inneren ist viel mehr. Die Sehnsucht des Menschen macht dies immer wieder aufs Neue deutlich.

Das Innere drängt nach außen, um zu erfahren. Doch außer der Erfahrung bleibt nicht viel übrig, denn das Innere wird in der Erfahrung letztendlich keine Befriedigung erlangen. Dafür sorgt die "Flamme" der inneren Heimat, die in jedem Menschen brennt.

Gott ist in seiner absoluten Liebe die lodernde Flamme in dir, die nie erlischt. Gott und die Wahrheit sind eins; denn Wahrheit hat keine Ursache.

Die wirkliche, höchste Wahrheit braucht keine Ursache. Sie war, ist und bleibt ewig, unabänderlich, unbeweglich und voller Fülle. Sie ruht im sogenannten Nichts, das nicht ist, da es ist. Alles, was wirklich wahr, d.h. real ist, unterliegt keinerlei Veränderung, hat keine Ursache, verursacht aber alles, ohne jemals davon berührt zu sein.

Die wahre Realität ist von nichts abhängig. Sie ist kein Ort. Wahrheit ist absolute Bewusstwerdung, absolutes Bewusstsein ohne Ego, ohne Identifikationen, ohne Ablehnung, Bewertung,

Wunsch, Ziel, ohne etwas sein zu wollen. Das Näherrücken an die Wahrheit bedeutet das schrittweise Subtrahieren der Illusion.

Wer die Wahrheit will, erhält sie nicht, weil schon der Wunsch nach ihr von ihr trennt. Wahrheit kannst du nur sein.

Sei dir bewusst, dass du die Wahrheit verleugnest, wenn du gegen etwas ankämpfst - denn wogegen kämpfst du an? Du bekämpfst eine Illusion oder gar die Wahrheit selbst. Wahrheit existiert in der absoluten Unabhängigkeit!"

Mit diesen Worten endete der Geist. Ich konnte das starke Licht kaum noch ertragen.

Ich musste die Hände schützend vor meine geschlossenen Augen pressen. Es war das Licht Tausender Sonnen, das zu expandieren drohte. Doch dann ebbte die gewaltige Helligkeit langsam ab.

Ich blinzelte vorsichtig nach oben und sah nur noch, wie die letzten Lichtstrahlen im Nichts verschwanden.

Jetzt war ich wieder allein. Allein in der Dunkelheit und Stille.

Abschiedstanz der Geister

Was für ein Geisterschauspiel! In meinen kühnsten Träumen hätte ich mir so etwas nicht vorstellen können.

Die Nacht hatte sich mit lebendigem Licht gefüllt, das Bewusstsein besaß und mit mir in einen Dialog getreten war. Wahre Geister! Sie hatten meinen inneren Ruf gehört.

Während ich nachdachte, starrte ich in die Dunkelheit.

In der Ferne tauchte wieder ein Licht auf.

Ein Licht?

Nein, zwei Lichter!

Oh nein! Es wurden immer mehr.

Und sie kamen immer näher.

In weiter Ferne tauchte jetzt ein neuer kleiner heller Fleck auf, der sich zu beeilen schien, um die anderen einzuholen. Jetzt erkannte ich sie: Es waren alle meine Geister Sie waren gekommen, um sich von mir zu verabschieden.

Jetzt waren sie da.

Was für ein Bild, als die Lichtwesen vor mir am Himmel verharrten.

Leuchtend, strahlend, leicht vibrierend und flackernd, schauten sie auf mich herab.

Der Geist der Phantasie zwinkerte mir mit seinen durchdringenden, blauen Augen zu und schien mich anzulächeln.

In einer Reihe standen sie über mir – über meinem Kopf, in der dunklen Leere der Nacht.

Sie rührten sich nicht, bis auf das Pulsieren in ihrem Innern, das sie wie ein Herzschlag am Leben zu erhalten schien. Ich schaute staunend, mit offenem Mund zu ihnen hoch. Und sie hatten mich genauestens im Visier. Kein Wort wurde dabei gesprochen. Dann hörte ich plötzlich von ganz weit entfernt einen Klang, wie ich ihn noch nie gehört hatte.

Ganz langsam bildete sich daraus eine Sinfonie von Klängen, die immer deutlicher hörbar wurden. Meine Ohren hatten noch niemals einer solchen Melodie gelauscht. In diesem Moment erstrahlte der ganze nächtliche Himmel in einem goldfarbigen warmen Licht. Jetzt begriff ich erst: Es war der Geist der Liebe, der bisher noch gefehlt hatte und alles wie ein schützender Mantel umhüllte.

Plötzlich kam Bewegung auf. Die Geister über mir fingen an zu tanzen.

Ich traute meinen Augen nicht. War dies alles wirklich wahr?

Die Lichter bewegten sich im Rhythmus der Musik. Sie lösten sich aus der Reihe, bildeten einen Kreis und schwebten tanzend über meinem Kopf.

Das Licht der Liebe regulierte seine Helligkeit nach der Lautstärke der Klänge. Die Klänge selbst schienen aus dem Licht zu kommen.

Ich erlebte einen perfekt inszenierten Geistertanz.

Ich stand auf, versuchte nach den Lichtern zu greifen und tanzte mit, ohne dass es mir gleich bewusst wurde.

Die Geister lösten sich aus dem Kreis über mir, ließen sich herabfallen, um sich dann neu zu formieren. Diesmal bewegten die Lichter sich so flott, dass sie sich ab und zu berührten und ihre Konturen ineinander verschwammen. Immer näher rückten sie zusammen, bis sie schließlich alle zu einem einzigen Licht verschmolzen. Jetzt tanzte nur noch ein Licht. Es ist mir unmöglich, das Spiel der tanzenden, leuchtenden Farben so zu beschreiben, wie es sich tatsächlich vor mir ereignete.

Es war unbeschreiblich!

Und dann geschah folgendes: Die Klänge verstummten plötzlich, und der Lichthintergrund wurde immer schwächer. Es war wie im Kino, wenn das Licht langsam ausgeht und die Zuschauer in der Dunkelheit gespannt auf die Lichtprojektion warten.

Doch ich musste auf nichts warten. Meine Projektion war da. Das Licht über mir hörte mit dem Verstummen der Musik auf zu tanzen.

Absolute Ruhe breitete sich aus. Meine Geister waren zu einer Einheit verschmolzen. Einige ihrer Farbschattierungen waren dennoch erkennbar. Wie die Flamme einer Kerze flackerte das gewaltige Licht über mir. Nach einer Weile schwebte es weiter zu mir heran und ließ sich ein kleines Stück zu mir herabfallen, um mich für kurze Zeit anzuschauen.

Während ich gebannt zusah, ließ das Flackern allmählich nach. Das Licht verblasste und wurde schließlich in die Leere des Raumes gesogen. Es war alles aus.

Ich verspürte nur noch Dunkelheit und Stille.

Das Erwachen

Meine Augen waren geschlossen.

Ich bemerkte, dass ich ruhig atmete, und fing an, mich zu räkeln und zu strecken.

Ich blinzelte und registrierte den ersten zarten Hauch von Tageslicht. Mein Gott! Jetzt dämmerte es mir: Ich war im weichen, schönen Gras in einer Mulde einschlafen.

Ich war auf dem Gipfel des Berges, zu dem ich von unserem Tal aus immer voller Respekt und Erwartung hochschaute.

Schlaftrunken stand ich auf und warf einen Blick in das noch verschlafene Tal.

Von weither war das Krähen ein Hahnes zu hören. Die Kirchturmglocke im Dorf schlug fünf Uhr.

Ich blickte mich um und konnte es nicht fassen. Ich stand auf dem Berg, den ich tags zuvor unter einiger Mühe bestiegen hatte. Was hatte ich in der Zwischenzeit erlebt? War alles nur ein Traum gewesen?

Wo waren meine Geister geblieben?

Wenn ich tatsächlich nur geträumt hatte, dann war es immerhin ein recht lebendiger Traum gewesen.

So ganz allmählich wurde es heller, und die Vögel hatten längst schon ihr morgendliches Konzert angestimmt.

Ich blickte gedankenverloren in das Tal, in dem ich mein Leben bisher verbracht hatte. Die ersten Menschen kamen geschäftig aus ihren Häusern. Strahlend stieg die Morgensonne am Himmel empor.

In meinem Kopf hörte ich bereits die Dorfbewohner sagen, wie idealistisch ich doch sei, wenn ich ihnen von meinen Erlebnissen erzählte. Doch dann würde ich sie fragen: Tragen wir nicht alle ein kleines bisschen Idealismus in uns? Streben wir nicht alle danach, in irgendeinem Bereich etwas ideal zu gestalten?

Ich dachte zum Beispiel an die wunderschönen Schlösser mit ihren herrlichen Parkanlagen, die von Menschenhand geschaffen wurden. Aber man muss gar nicht immer gleich versucht sein, an das Große zu denken.

So dachte ich auch an meine Mutter, die immer bestrebt war, der ganzen Familie ein hervorragendes Essen zu kochen. Und die Liste ließe sich unendlich fortführen. In der Regel ist jeder Mensch bemüht, in seinem Leben das Ideal zum Ausdruck zu bringen.

In diesem Moment stellte sich mir die Frage: Warum entwickeln wir nicht auch in uns etwas mehr Idealismus im Sinne von Verständnis und liebevollem Umgang mit den Menschen? Gibt es hierzu vielleicht eine bessere Alternative?

Jetzt waren sie alle weg. Meine Geister, die mir im Traum erschienen sind – meine geliebten Traumgeister, die der Einheit entsprangen und die mich soviel Verstehen gelehrt hatten.

Ich war auf der Suche nach zusammenhängenden Wahrheiten gewesen und hatte nun Antworten auf viele meiner Fragen erhalten. Wer aufrichtig sucht und ruft, wird immer Antwort erhalten.

Doch jeder Mensch sollte sich davor in Acht nehmen, seine Antworten in der Verblendung der äußeren, scheinbaren Realität zu finden.

Das Äußere ist nur die Hülle. Das Eigentliche ist unsichtbar.

In den verborgenen, nicht sichtbaren, jedoch fühlbaren inneren Welten schlummern wahrhaftigere Erkenntnisse als in der äußeren Welt, aus der wir jedoch ebenfalls persönliche Botschaften erhalten können, denn alles drückt letztlich Einheit aus - das Äußere wie auch das Innere.

Auch das so genannte Nichts, das dem sichtbaren Äußeren die Möglichkeit bietet, sich auszudehnen, also der unendliche Raum, ist in dieser Einheit mit eingeschlossen, da sich alles im Geiste Gottes abspielt und nichts außerhalb von ihm existiert.

Und noch eins habe ich von den Geistern gelernt: Der Mensch ist die Krönung der Schöpfung, weil er von sich aus, also aus dem eigenen Bewusstsein heraus in der Lage ist, seinen wahren Schöpfer zu erkennen, mit dem er letztendlich eins ist. Dass die wenigsten von uns dies tatsächlich erreichen und dass das Verhalten der Menschen oftmals eine ganz andere Sprache spricht, steht auf einem anderen Blatt, aber die Voraussetzung für dieses Erkennen ist im menschlichen Bewusstseins fest verankert. Im Gegensatz dazu kann sich ein Tier keine Gedanken über den Sinn seines Daseins und über seine Herkunft machen.

Ich blickte noch einmal in das nun von der Morgensonne hell erleuchtete Tal und ließ dann meinen Blick in die Unendlichkeit des Himmels schweifen. Dann trat ich meinen Rückweg durch den dichten Wald an, den ich erst tags zuvor durchschritten hatte.

Wie viel Ungewöhnliches hatte sich in dieser kurzen Zeitspanne ereignet. Noch ein Gedanke schoss mir durch den Kopf: Ein Teil des Bewusstseins hat sich das Vergessen einfallen lassen, damit die Illusion der so genannten Wirklichkeit für den Einzelnen perfekt erscheint. Nur durch das vorübergehende Vergessen der Wahrheit gewinnt das kosmische Spiel seine Wirkung.

Die äußere Wirklichkeit ist niemals das, was sie vorgibt zu sein. Sie ist eine perfekt inszenierte Illusion, die erst durch das Vergessen der wahren Identität allen Seins ihre volle Wirksamkeit erzielt.

Die Entscheidungen des Menschen bringen den Aspekt des Unberechenbaren ins Spiel, da der Mensch über die volle Freiheit seines Denkens und Tuns verfügt. Alles, was frei ist, drückt auch Unberechenbarkeit aus. Doch letztendlich hat Gott a l l e s berechnet.

Gott ist in allen Dingen, da alles, was ist, aus Gott erwächst. Der gesamte Kosmos ist Ausdruck Gottes und seiner Wirksamkeit.

Aber Gott ist noch viel mehr. Gott ist auch das Unfassbare und das Unvorstellbare - das einfach ist und sich niemals verändert, aber alles verändern kann.

Gott ist die Quelle von allem. Jeder einzelne Mensch trägt diese Quelle in sich und ist dadurch in der Lage, aus der unendlich schöpferischen Kraft heraus zu wirken.

Deshalb sollte der Mensch das, was er braucht, nicht immer in der äußeren Welt suchen, sondern aus der eigenen Quelle schöpfen und es auch an andere weitergeben; denn es ist die unerschöpfliche Quelle Gottes.

Jeder Mensch ist die Quelle seines eigenen Seins. Er ist die Quelle, die alles, was ist, miteinander verbindet, aus der alles entsteht, die alles verändert und in die alles wieder mündet.

Außer Gott existiert nichts. Die eigentliche, grundlegende Wirklichkeit ist Bewusstsein, ist Gott. Aus diesem Grunde müssen wir Menschen begreifen, dass wir bei aller Unterschiedlichkeit so sehr miteinander verknüpft sind, dass es unsinnig ist, Krieg gegeneinander zu führen.

Der Philosoph Sokrates hat einmal gesagt: „Ich weiß, dass ich nichts weiß!“ Ich denke mittlerweile anders. Meine Begegnung mit den Geistern lehrte mich die Verknüpfung von allem, was ist. Ich glaube, der weltbekannte sokratische Satz ist korrekturbedürftig. Ich behaupte nun: Ich weiß, dass ich alles weiß, aber ich weiß nicht bzw. bin mir nicht bewusst, was mein wirkliches Bewusstsein alles weiß.

Nun sind meine Geister allesamt verschwunden.

Aber eines weiß ich jetzt für alle Zeiten: Es ist immer alles zu jeder Zeit da.

Es ist nur eine Frage des inneren Empfangens.

Nachtrag

Die unterschiedlichen Begabungen, Fähigkeiten, Erfahrungen und die damit verbundenen Einstellungen der Menschen bilden die entscheidende Voraussetzung für die Vielseitigkeit menschlicher Kommunikation, und diese wiederum ist eine Bereicherung und ein Mosaiksteinchen auf dem Weg zur höheren Erkenntnis des einzelnen Menschen. Der Respekt vor der Meinung anderer Menschen erwächst allein aus der hohen Erkenntnis, bzw. der hohen Tatsache, dass kein Mensch in der Lage ist, alles für sich alleine zu formulieren. Deswegen ist die Kommunikation zwischen den Menschen für die gesamte Menschheit geradezu von existenzieller Bedeutung.

Thomas Ach

Schlüssel zum göttlichen Selbst

Der aufgestiegene Meister in Dir

von Joanna Cherry, 214 Seiten, 14,5 x 21 cm

ISBN 3-926388-45-5 EURO 15,24

Die Autorin lässt uns in Neuland vorstossen, von dem wir bisher keine Vorstellung hatten und gibt uns ein Gefühl von unserem wirklichen Wert und unserer wirklichen Grösse.

Karma auflösen

von Joanna Cherry,
280 Seiten, 14,5 x 21 cm, broschiert

ISBN 3-926388-47-1 EURO 15,24

Willst Du Dich vom Karma vergangener Leben und von gegenwärtigen Verstrickungen befreien? Willst Du ein völlig neues Leben mit unbegrenzten Möglichkeiten?

Du bist MIND

Heilweisen für das 3. Jahrtausend

von Frank Alper, aus dem Amerikanischen, 216 Seiten, geb., 14 x 20,5 cm, ISBN 3-926388-52-8 EURO 15,24

Die Kraft unserer Gedanken erschafft unsere Muster von Gesundheit und Verhalten. Frank Alper gibt Hinweise, wie man seine unbewußten Programme verändern kann, um gesund zu werden und zu bleiben.

Der Ruf der Seele

von Josiane Antonette,
Übersetzung aus dem Anerikanischen,
112 Seiten, 14,5 x 21 cm

ISBN 3-926388-51-X EURO 10,74

G. Reichel Verlag, Reifenberg 85, D-91365 Weilersbach, Tel. 09194-8900, Fax 09194-4262
Internet: www.reichel-verlag.de E-Mail: info@reichel-verlag.de

Talente

entdecken, entfalten und leben ist Freude

von Christina Aprato, 126 Seiten, 14,5 x 21 cm

ISBN 3-926388-54-4 EURO 11,25

Babaji

Auf der Suche nach Wahrheit und Liebe

von Gora Devi, Übersetzung aus dem Italienischen

etwa 120 Seiten, 15x21 cm

ISBN 3-926388-55-2 EURO 12,27

Intuitiv handeln

Schnellkurs für Arbeitsplatz und Alltag

von Gina Giacomini, Übersetzung aus dem Amerikanischen

134 Seiten

14,5 x 21 cm , ISBN 3-926388-54-4 EURO 11,25

Tierisch gute Gespräche

Lerne mit Tieren zu sprechen - sie antworten Dir

von Amelia Kinkade, Übersetzung aus dem Amerikanischen

247 Seiten, geb., 14 x 20,5 cm

ISBN 3-926388-57-9 EURO 18,41

Die Zauberformel des Wünschens

Mit vier Schlüsseln zur Entfaltung

von Vernon M. Sylvest aus dem Amerikanischen

184 Seiten., 14,5 x 21 cm,

ISBN 3-926388-53-6 EUR 15,24

G. Reichel Verlag, Internet: www.reichel-verlag.de, E-Mail: info@reichel-verlag.de

Entschlüssele Deine Träume

und verstehe die Botschaften Deiner Seele

von Stephan Schumann

168 S., 14,5 x 21 cm,

ISBN 3-926388-48-X EURO 13,29

Wiederkehr der Engel

Ein meditatives Praxisbuch für Deinen Lichtkörper

von Wolfgang Nothvogel

120 Seiten, 14,5 x 21 cm, mit 5 Abbildungen

ISBN 3-926388-42-0 EURO 14,85

Süchtig

Sucht erkennen und Heilen

von Hans Peter Neuber

88 Seiten, 14,5 x 21 cm, gebunden

ISBN 3-926388-44-7 EURO 10,10

Götter der Sterne

Bibel, Mythen und kosmische Besucher

von Lars A. Fischinger

384 Seiten, 14,5 x 21 cm , 45 Abbildungen

ISBN 3-926388-41-2 EURO 19,95

G. Reichel Verlag, Reifenberg 85, D-91365 Weilersbach, Tel. 09194-8900, Fax 09194-4262
Internet: www.reichel-verlag.de E-Mail: info@reichel-verlag.de

Prophezeiungen

Alte Nachricht in neuer Zeit

von Stefan Berndt, 457 Seiten, 15,5 x 21,5 cm

ISBN 3-926388-60-9 EURO 19,90

Die kommende Weltkrise

Wie überlebt man den dritten Weltkrieg

von Michael Hesemann / Henri Schnyder

220 Seiten, 14,5 x 21 cm, broschiert

ISBN 3-926388-46-3 EURO 15,24

Polsprung

Prophezeiungen und wissenschaftliche Analysen

von Hans J. Andersen, 240 Seiten, 14 x 21 cm

ISBN 3-926388-43-9 EURO 15,24

Das Lebenselixier

von Edward Bulwer-Lytton, Übersetzung aus dem Englischen, 440 Seiten geb., 14 x 20,5 cm

ISBN 3-926388-50-1 EURO 15,24

Mystischer Roman um ein geheimnisvolles Lebenselixier.

Energie der Zukunft

Die Ballard Brennstoffzelle und der Weg zum sauberen Elektroauto

von Tom Koppel, ca, 280 Seiten,

14,5 x 21 cm , ISBN 3-926388-58-7 Euro 19,94

G. Reichel Verlag, Reifenberg 85, D-91365 Weilersbach, Tel. 09194-8900, Fax 09194-4262